인간과 환경을 위한
조세와 재정

인간과 환경을 위한 조세와 재정

초판 1쇄 인쇄일 2024년 11월 5일 **초판 1쇄 발행일** 2024년 11월 12일

지은이 김유찬
펴낸이 박재환 | **편집** 유은재 신기원 | **마케팅** 박용민 | **관리** 조영란
펴낸곳 에코리브르 | **주소** 서울시 마포구 동교로15길 34 3층(04003) | **전화** 702-2530 | **팩스** 702-2532
이메일 ecolivres@hanmail.net | **블로그** http://blog.naver.com/ecolivres | **인스타그램** @ecolivres_official
출판등록 2001년 5월 7일 제201-10-2147호
종이 세종페이퍼 | **인쇄·제본** 상지사 P&B

ISBN 978-89-6263-291-0 03320

책값은 뒤표지에 있습니다. 잘못된 책은 구입한 곳에서 바꿔드립니다.

인간과 환경을 위한
조세와 재정

김유찬 지음

에코리브르

차례

서문

경제 활동의 결과로 얻는 사람들 간 소득의 격차가 커지고 있다. 소득의 양극화는 자산의 양극화로 이어지고 이것이 대물림으로 개인들의 경제 환경에 큰 차이를 만든다. 속한 계층이 다른 사람들은 점차 정서가 달라진다. 종국에는 생각에도 차이가 생겨 소통이 어렵다. 서로에게 외계인이 되어가는 것이다. 우리의 현재 모습이 그렇다. 양극화가 이 정도에 이른다는 것은 세금과 예산 지출을 통한 정부의 재정 정책이 제 역할을 하지 못했다는 뜻이다.

1인당 국민 소득이 3만 달러를 넘어선 지 오래지만 우리 삶은 여전히 팍팍하다. 주거·교육·연금 문제가 대다수의 가계를 힘들게 하고 있다. 국민 소득 수준으로 볼 때 선진국의 문턱에 있는 나라가 이런 상황이라면, 경제 성장의 방식에 문제가 있는 것이다.

정부는 시장의 불균형한 결과를 바로잡아야 한다. 저소득 가구에서 자라는 자녀들은 잠재 소양을 충분히 발휘하지 못할 가능성이 크기 때문에, 미래의 인적 자원 개발 차원에서도 정부의 개입이 필요하다. 조세·재정 정책은 세금과 예산 투입으로 시장의 분배 과정에 개입해 사회적 가치를 시장에 반영해준다.

우리는 시민에게 제공하는 복지 혜택을 OECD 국가들의 중간 수준으로 높이려는 단계이므로 조세 부담률의 점진적 증가는 피할 수 없다. 세금은 한국 사회 최대의 갈등 요인이 되었으며, 윤석열 정부의 감세 정치가 불러온 폐해에 대한 국민적 분노는 이제 극에 달하고 있다.

재정 정책의 전개 과정은 금융·통화 정책과 매우 다르다. 이자율 조정과 같은 금융·통화 정책은 한국은행 등 전문가 집단에 맡김으로써 정치적 판단으로부터 자유로운 상태에서 결정하도록 체제를 고안했다. 이에 비해 재정 정책은 명백히 정치 과정에 속한다. 예산과 세금의 문제는 국회에서 최종적으로 결정하는 것, 즉 민의를 반영하는 정당과 의원들의 몫이다.

민주주의 국가의 재정 정책은 시장에서 일어나는 경제 활동의 결과를 정치적 절차를 통해 조정하고 교정하는 과정이다. 경제와 정치는 독자적 영역이 아니며 사회 내부에서 상호 작용한다. 그렇기에 경제학의 본질은 정치경제학이며, 경제와 정치를 연결해주는 정책이 바로 조세·재정 정책이다.

2022년 이후 3년간 대규모의 세수 결손이 발생하고 있다. 국세청이 실제 확보하는 세금 수입이 정부가 예측한 세입 예산보다 매년 수십조 원 부족한 것이다. 경기가 부진한 탓도 있지만 윤석열 정부가 시행한 감세 정책의 책임도 크다. 세수 결손은 재정 정책을 통해 수행해야 하는 여러 국가적 과제를 중도에 포기하게 만든다. 경기 침체기일수록 재정이 더 중요한 역할을 해야 함에도 이런 시기에 경제 성장에 대한 정부의 기여가 부진한 것은 통탄할 일이다.

이 책은 내가 문재인 정부에서 한국조세재정연구원장으로 재직하며 경험한 조세·재정 정책을 담고 있다. 하지만 대부분 그 이전부터 연구 기관의 연구원으로서, 대학교수로서, 국세청의 개방직 공무원으로서 연구하고 체득한 지식을 바탕으로 한다. 문재인 정부에서, 그리고 민주당과 함께 일하기도 했지만 조세·재정 정책의 영역에서 그들이 해야 할 역할을 충분히 했다고 보지는 않는다. 위에서도 말했듯 재정 정책이 정치 과정에 속하므로 여러 번의 선거 과정에서 그들의 정책이 정치적·사회적 제약을 받을 수밖에 없었다는 점은 이해한다. 그렇더라도 민주 정부를 표방하면서 진보적 가치를 추구하려는 노력이 부족했다는 점은 못내 아쉽다.

민주주의 사회에서 공정하지 못한 조세·재정 체계는 납세자(국민)가 수용하기 어렵다. 결과적으로 오래 시행하기 힘들어 지속성의 문제가 같이 생긴다. 우리가 살고 있는 이 사회의 조세 체계가 현실적으로 매우 공정하지 못하다는 점은 더 강조하고 논의해야 한다. 그리고 부단히 고쳐나가야 한다.

2024년 10월 묵정동에서

김유찬

1부

사회와 재정

01

다층적 위기의 한국 사회

한국 사회는 여러 층위의 위기에 봉착해 있다. 세계의 거시적 경제 환경은 크게 변화하고 있고, 우리의 수출 주도형 경제 모형은 위태롭다. 위기를 어떻게 극복하느냐에 성장의 지속 가능성과 삶의 질이 달렸다. 불평등으로 인한 위기, 그리고 기후 위기에 잘 대처해야 한다.[1]

한국 사회의 깨어진 균형

사회가 불평등해지면 사회 갈등이 증가하는 것에 그치지 않고 그 사회의 경제 성장 속도도 늦어진다. 그러나 여야의 기성 정치인과 경제 관료를 비롯한 많은 이들의 머릿속에는 경제 성장과 분배를 상충하는 개념으로 여기는 사고방식이 여전히 자리 잡고 있다.

국가 비교에서 한국은 미국과 함께 자산과 소득이 제일 불평등한 나라로 평가받는다(Chancel et al., 2022). 우리의 심한 불평등은 어디서 연유한 걸까? 1948년 정부 수립 이후 가난한 나라에서 가장 중요한 자산이던 토지를 사람들에게 분배했으니, 불평등의 기원을 그 이전에서 찾기는 어렵다. 경제가 발전하면서 빠른 성장을 위한 자본 축적이 중요해졌고, 이 과정에서 불평등이 시작됐다.

한국은 선진국 클럽인 경제협력개발기구(Organisation for Economic Cooperation and Development, OECD) 국가에 속하며 이들의 경제 수준에 손색이 없다. 경제 발전과 함께 자본 축적도 이뤘다. 수출을 통한 경상 수지 흑자가 누적해 순자본 수출국에 속한 지도 오래됐다. 한국은 행에 따르면 2022년 말 대외 금융 자산은 2조 1271억 달러, 대외 금융 부채는 1조 3805억 달러로 해외에 투자한 국내 자본이 국내에 투자한 해외 자본을 크게 앞질렀다. 이런 규모의 자본을 해외에 순수출하는 나라라면 더 이상 자본 축적이 경제 발전의 관건이 될 수 없음은 자명하다.

자본이 희소한 생산 요소가 아닌 이상 그 가격인 자본재 비용도 낮아질 수밖에 없다. 반대로 상대적으로 희소한 자원인 노동력에 대한 대가는 높아지게 된다. 이런 과정을 통해 사회의 불평등이 완만하게 나마 해소되어가는 것이 이치로도 자연스럽다. 꽤 오래된 자본 순수출국이므로 지난날 자본 축적의 필요성 때문에 방치하던 불평등은 이미 어느 정도 해소했어야 한다. 왜 그러지 못했을까? 경제의 불평등을 줄여주는 기제가 한국의 경제 체계에서는 왜 제대로 작동하지 못하고 있는 걸까?

한 번 형성된 세력은 쉽게 자리를 내주지 않는다. 경제 발전 초기 자본에 대한 정부의 지원과 근로자들의 희생으로 재벌 세력이 공고히 자리 잡았다. 세월이 흐르며 이들은 선거로 교체되는 정치권력을 능가하기 시작했다. 경제권력은 기존 발전 방식과 성장의 혜택을 독점적으로 유지하려 했고, 정치권력은 이에 봉사하는 위치로 전락했다. 언론과 학계조차도 기생 세력이 되었다. 정부는 재벌에게만 유리한 경제 정책, 기업과 자본가 계층을 더 풍요롭게 만들어주는 조세·재정 정책을 채택했다. 한국 사회의 불평등은 정부 정책이 지탱하는 부분이 크다.

한국 사회에는 불평등 구조가 공고해지는 데 병행해 고착화한 두 가지 현상이 있다. 과다한 수도권 집중과 병적인 사교육 투자가 그것이다. 이 두 사회 현상과 관련해 처한 상황과 이해관계가 상이하기에, 시민들의 문제의식이 좀처럼 한곳으로 모이지 않는다. 외국인들에게는 기이한 현상으로 보일 사안들이다.

국토 대부분을 저발전 단계에 방치한 상태에서, 역동적 인구의 절반이 좁은 수도권 지역에서 주거와 생업의 고비용을 감수하며 살아간다. 이런 상황을 오래 유지하는 것은 지극히 비효율적이다. 인구 및 경제력의 수도권 집중은 부동산 쏠림 현상의 원인이자 결과이기도 하다. 부동산 투자를 향한 자원 쏠림은 효율성을 심하게 훼손한다. 결과적으로 경제 성장 수준과 개개인의 삶의 질을 크게 떨어뜨린다.

과다한 사교육비 지출 문제도 심각하다. 부모들의 소득에서 자녀 사교육비로 나가는 비중이 매우 높다.[2] 이는 저출생의 원인이기도 하지만, 개인의 노후 소득 보장을 어렵게 만들어 부동산 투자에 목매게 하는 요인이기도 하다. 문제는 개인의 인적 자원을 장기적 관점에서 계발한다는 측면에서 이 나라에서 행하는 사교육의 투자 효율성이 그리 높지 않은 점이다. 사교육에 지출하지 못하는 저소득층의 자녀들을 입시에서 배제하는 단기적 기능이 존재할 뿐이다.

상위권 대학에 진학하는 학생 중 서울 강남구에 소재한 고교 출신의 비중이 현저히 높아졌다.[3] 이는 사회 변화가 불평등한 방향으로 오히려 가속화하고 있음을 말해준다. 학력 사회의 병폐는 뿌리가 깊다. 대학 입시 제도는 2~3년을 가지 못하고 바뀌며, 제도 시행 과정에서의 실수가 정권에 대한 민심의 평가까지 큰 폭으로 좌우한다.

수도권 집중과 과다한 사교육비 지출의 근저에는 개개인의 불안 심리가 작용한다. 수도권에 거주하지 않으면 시간이 흐르면서 경제적으로 뒤처지게 된다는 불안감이 팽배하다. 좋은 학교를 졸업하지 못하면 취업 등에서 불리하다고 느낀다. 이렇게 개인들의 선택에서 작동하는 방어 기제가 불평등을 더 심화하는 부메랑으로 돌아와 이들의 삶을 어렵고 궁핍하게 만들고 있다.

불평등과 계층 이동성

발전하는 역동적 사회는 계층 이동성이 높은 사회이다. 북유럽 국가들의 계층 이동성이 높은 것으로 나타난다. 계층 이동성이 낮은 사회에서는 경제적으로 열악한 가계에서 자라난 자녀들이 상위 계층으로 진입하기 어렵다. 계층의 고착화는 이들의 인적 자원을 사회에서 소중하게 대우하고 개발하지 못하며 발생한다. 불평등의 가장 부정적인 측면이다.

생활에 필요한 자원이 결핍하거나 부족한 상태라면 당사자들이 고통받는 것은 물론이거니와 결혼이나 출산과 같은 중요한 인생의 계획이 심각하게 제약받게 된다. 빈곤선 이하의 인구 비중이 높은 사회는 저출생 문제가 심각해지고 경제 성장의 가능성도 손상된다. 이 경우 절대적 빈곤보다 상대적 빈곤이 저출생에 더 큰 영향을 미칠 수 있다. 주민 대부분이 가난한 저개발 국가의 경우 출산율이 낮지 않지만, 상대적 빈곤율이 높은 나라, 즉 잘사는 나라에서 빈곤층의 출산율은 대체로 낮게 나타난다.

불평등한 경제 상황을 해결하는 방식에 있어 사람들은 결과의 평등보다 기회의 평등을 추구하는 것을 바람직하게 본다. 출발선의 상황을 유사하게 만들어준다면, 개인이 획득한 경제 활동의 결과에 대해서는 국가의 재분배라는 개입이 필요 없다고 보는 시각이 우세하다. 그러나 불평등을 초래하는 개인들의 유전적 요인, 교육적·경제적 환경을 살펴보면 불평등의 싹은 결국 가정과 부모에 있는 것이다. 개인들이 선택할 수 없는 성장 초기의 환경 차이가 이들의 성공 여부에 결정적이다.

취약한 가정에 태어나더라도 좋은 교육 기회를 제공받을 수 있도록 정부는 학교 안팎에서 서비스를 충분히 제공하는 역할을 계속해야 한다. 그러나 기회의 균등을 추구하는 방식은 한계가 명확하므로 결국 불평등을 실효적으로 줄이기 위해서는 결과의 평등을 추구하는 노력도 병행해야 한다. 결과의 평등, 즉 양극화 완화를 직접적으로 추구하려면 국민들이 경제 활동에서 획득한 소득이나, 저축이나 상속을 통해 형성한 자산에 누진적으로 과세하는 방식을 택할 수밖에 없다.

소득과 자산에 대한 누진적 과세는 개인들의 경제적 성과가 그들 자신의 능력과 노력만으로 이루어지는 것이 아니라, 사회의 지원이나 환경의 변화 같은 요인에 따른 것이란 점에서 충분히 정당성이 있다. 1980년대 이전에는 선진국에서 잘 정착해 있던 내용이다. 80년대 이후 작은 정부론이 자리 잡는 추세가 되면서 누진 과세는 현저히 약화했다. 법인과 개인에 대해 50퍼센트에 달하던 주요 국가들의 세율은 큰 폭으로 낮아졌다.

지대 추구는 새로운 부를 창출하지 않고 단지 기존의 부에서 자신의 몫을 늘리기 위한 활동이다. 부의 대물림은 지대 추구 행위 그 자체이며 형성된 불평등을 고착시킨다. 소득과 자산에서 지대적 요소를 줄이는 것이 경제 정책의 핵심이다. 지대에 대한 높은 과세는 경제 원리에 부합한다. 가장 효율적인 조세는 지대를 창출하는 자산에 세금을 부과하는 것이다.

수출 주도 개발 모형의 한계

우리 경제는 수출 주도 모형을 통해 발전했고 여전히 발전 동력의 큰 부분을 수출에서 얻고 있다. 2022년 우리나라 국내 총생산(Gross Domestic Product, GDP)의 수출 의존도는 45퍼센트에 달했다. 수출과 수입을 합한 수출입 의존도는 한국은행 통계에 따르면 2022년 102퍼센트로, 전년도인 2021년의 85.3퍼센트에 비해 크게 늘어났다. 30여 년 전인 1990년의 53퍼센트에 비하면 두 배 수준이 된 것이다.

수출 의존 비중이 높은 경우 대외 경제 여건의 변화에 따라 부침이 커 안정적 경제 운영이 어렵다. 한국 경제의 규모와 수준을 고려할 때 우리가 향후에도 이런 방식으로 계속 발전해나갈 수 있을지 의문이다. 우리는 이 모형에 내재하는 한계와 리스크에 대해 경각심을 가져야 하며, 여기서 벗어날 수 있는 계획과 로드맵을 준비하고 실행해나가야 한다.

경제의 글로벌화 시기 수출 주도형 발전 모형을 추구하던 일본·독일·한국·중국과 같은 제조업 중심 국가들은 국내 수요를 훨씬 능가하는 생산 시설에 투자하고, 세계 수요를 겨냥해 생산했다. 한국은 IMF 경제 위기 속에서 타의에 따라 자본 시장을 열었지만 이후 개방 경제에 잘 적응했다. 세계의 공장 중국이 몸집을 키워가며, 한국은 대중 수출을 중심으로 한 구조적 흑자를 실현했다. 그러나 중국 기업들이 수출 완제품에 필요한 부품들을 차례로 자체 생산하면서 한국 경제의 구조적 흑자는 재현이 불가능해졌다. 구조적 흑자는 특정한 시기에만 가능하던 것으로 영원히 계속할 수 없는 성격이었다.

세계는 코로나19 위기를 겪으며 공급망 교란을 경험했고, 이후 각국은 지정학적 리스크라는 새로운 국면을 인식하게 되었다. 중국 기업과 생산품의 규모·질은 크게 향상했고, 중국이 패권적 지위에 접근하는 것을 허용하지 않으려는 미국은 유럽연합(EU)과 동아시아의 동맹국들을 중국과의 공급망 사슬에서, 특히 반도체 등 핵심 재화에 있어 떼어놓으려는 시도를 강행하고 있다. 러시아와 우크라이나의 전쟁을 겪으며 독일을 비롯해 유럽 국가들의 에너지 대외 의존에 대한 경각심과 위기의식은 그 이상 높아질 수 없었다. 주요 국가들은 에너지·식량·수자원·반도체 등 핵심 재화에 대해서는 발생 가능한 모든 상황에 대비책을 세우려 한다. 탈글로벌화가 세계 경제의 새로운 성격을 설명하는 중요한 키워드가 되었다.

탈글로벌화가 한국 경제에 의미하는 바는 명확하다. 수출 주도형 경제가 지속하기 어렵다는 것이다. 몇몇 주력 업종에만 의존하는 수출 주도형 경제는 지속 가능하지 않다. 그 주력 업종의 재화가 반도체나 2차 전지와 같은 핵심 재화인 경우 경제 규모가 큰 모든 나라들이 이에 사활을 건다. 미국은 해외 기업들에게 보조금을 제시하며 반도체와 2차 전지의 미국 내 투자·생산을 추진하고 있다. 최근 독일도 미국의 인텔과 대만의 TSMC에 막대한 지원금을 주면서 자국 내 반도체 생산 기지를 만들기로 했다. 우리 기업들도 이들 나라로 진출해 생산을 계속하고 경쟁력을 유지할 수 있다. 다만 이렇게 되면 투자와 고용과 기술 개발은 해외에서 이뤄지는 것이고 더 이상 수출도 아니게 된다.

우리의 수출 주도 경제가 여타 제조업 강국들과 비교할 때 얼마나 허약한 기반 위에 있는지 살펴볼 필요가 있다. 한국의 수출 의존도는 네덜란드와 독일에 이어 G20 국가 중 세 번째로 높다. 그런데 네덜란드와 독일은 EU라는 거대한 단일 시장에 속하는 나라들이다. 독일이 네덜란드에 파는 재화나 네덜란드가 독일에 판매하는 서비스는 수출로 통계에 잡히지만, 두 국가는 유로라는 동일한 화폐를 쓰고 역내 모든 기업에 대한 차별을 제도적으로 금지하는, EU라는 단일 시장에 함께 소속한다. 단일 시장 내 거래의 비중이 높기 때문에 우리 경제의 여건과는 크게 다르다. 대외 여건으로 인한 부침이 상대적으로 크지 않다는 것이다.

아시아의 제조업 강국들로 눈을 돌리면, 중국은 수출 의존도가 우리의 절반 수준이며 일본은 그보다 더 낮다. 2008년 금융 위기 이후 중국은 경제 발전의 초점을 수출보다 내수 시장에 맞추는 전략을 택했다. 가장 큰 강점인 많은 인구를 통해 내수 경제를 활성화한 것이다. 그리고 이 전략은 10년 넘게 중국의 경제 성장에 기여해왔다. 중국은 세계의 공장이라고 부를 만큼 대외 수출이 많은 국가인데, 성장은 내수를 중심으로 이루어진 것이다. 그러면서도 일대일로(一帶一路) 정책을 통해 중동·동유럽·아프리카 국가들을 자국의 경제 영역에 묶어두려는 작업에도 몰두하고 있다. 일본은 오랜 기간 동남아 국가들에 공을 들였다. 중국과 일본은 내수 자체의 규모도 우리보다 수배 이상 크다.

세계 주요 국가들을 둘러보면 우리와 같이 수출에만 매몰해 탈출구를 찾지 못하고 있는 경우는 거의 보이지 않는다. 우리는 수출 주도 경제의 리스크와 한계를 의식했으면서도, 그 경로에서 벗어날 때 발생할 결과에 대한 불안 때문에 탈출 준비를 시작하지도 못했다. 문재인 정부의 인도네시아 등을 겨냥한 신남방 정책, 러시아 등을 향한 신북방 정책이 수출 다변화를 위한 시도였지만 그 후 더 발전시키지 못하고 있다.

반도체 한 종목에서 수출이 대폭 줄자, 무역 수지 적자가 이어지고 경제 전체에 어두운 그림자가 드리우고 있다. 정부는 반도체 등 핵심 전략 산업에 더 지원하겠다고 하지만 지금까지 국가적 지원이 부족하던 것은 아니다. 몇몇 효자 종목의 수출에 의존해 경제를 운영하는 한국의 방식이 이제 변화한 세계 경제 구조에 맞지 않을 뿐이다. 수출 주도형 모델은 시효가 지났다. 어떤 변화가 필요한가? 내수 시장을 키 워야 하지만 그것만으로는 부족하다. 규모의 경제 측면에서 불리함을 상쇄할 수 있어야 한다.

우리의 주변 국가인 중국과 일본은 우리와 경제적으로 밀접하면서 도 경쟁하는 관계다. 이 두 나라는 각각 크고 강력한 경제권을 구성 하고 있다. 또 우리는 미국·EU와 교역하는 동시에 경쟁해야 한다. 이들 모두 규모의 경제 면에서 우리보다 압도적으로 유리하다. 미래 의 기업 경쟁력을 확보하기 위해, 과학 기술에 대한 R&D(Research and Development, 연구·개발) 투자는 매우 중요한 요인이다. 그런데 소규모 국가가 GDP 대비 높은 수준의 R&D 투자로, 대규모 국가 또는 경제 권과 경쟁해 장기적 우위를 차지할 수 있다는 생각은 환상이다. 우리 보다 GDP 규모가 다섯 배 큰 나라의 GDP 대비 R&D 투자 비율보다 다섯 배 많이 투자해야 절대량으로 같은 수준의 R&D 투자가 가능한 것이며, 규모가 큰 나라들은 R&D 관련 인적 자원이 더 풍부하기 때 문에 투자의 효율성도 일반적으로 높다. 그렇기에 R&D 투자의 규모 로 승부하기보다 전략을 바꿀 필요가 있다.

EU 내에서 경제 규모가 작은 덴마크가, 그 규모가 열 배가량 큰 독 일과 비슷한 과학 기술 수준 및 산업 경쟁력을 유지한다는 점을 참고 할 필요가 있다. 즉 경쟁적 R&D 투자가 아니라 협조적 R&D 투자가 더 필요한 것이다.[4, 5] 협조적 R&D 투자는 경제 규모가 작은 나라에 의미가 더 크다. 이런 전략의 변화는 매우 장기적인 접근이며 물론 국 제 정치 환경도 중요하다.

기후 위기와 에너지 전환

해가 갈수록 기상 이변이 늘고 있다. 역대 가장 더운 여름을 기록한 2023년에는 어느 해보다 많은 산불이 발생했다. 태풍과 집중호우도 광범위한 지역에서 나타났다. 화석 연료 사용은 지구 생태계가 감당할 수 있는 범위를 넘어선 지 오래다. 산업화로 생산이 증가하고 사람들의 생활은 윤택해졌으나 그 과정에서 자원 소비가 지구를 황폐화하고 있다. 이제 산업화와 경제생활의 방식을 근본적으로 바꾸지 않으면 향후 세계인의 삶이 현재처럼 지속하기 어렵다는 것은 명백하다.

기상 이변은 어디서 어떻게 발생할지 전혀 예측할 수 없다. 화석 연료에서 재생 에너지로 전 지구적 전환이 이루어져야 한다. 지구촌이 하나의 큰 생태계이기에 기후 위기 대응은 모든 나라가 함께해야 효과를 발휘할 수 있다. 하지만 산업화 수준도 기후 변화에 대한 경각심의 정도도 나라마다 다르니 각국의 공조는 쉽지 않은 과제다. 선진국이 주도하는 대응과 규범 제정을 향후 어떤 속도로 진행할지 예측하기 어렵다. 그러나 탄소 국경세는 곧 유효해질 것으로 보인다. EU는 철강·시멘트 등 일부 품목에 대한 탄소 국경세를 계획보다 빠른 2025년부터 본격적으로 부과할 예정이다.

과거 수십 년간 사람들은 시장이 모든 문제를 해결한다고 믿었다. 이산화탄소 과다 배출과 기후 위기에 대해 탄소 배출권 거래제라는 시장 기제를 도입하면 되리라 낙관적으로 보았다. 가속화하는 기후 위기에 이제 아무도 이를 믿지 않는다. 자원을 낭비하고 지구를 황폐화하는 경제 구조를 제어할 기제가 시장에 없음은 명백하다. 모든 것이 불안정한 시기에 기업이 탈탄소화를 위한 투자 결정을 미루는 것은 당연하다. 하지만 지구 온난화는 계속된다.

위기는 경제 체제의 전환을 가능케 하는 좋은 기회이기도 하다. 그런데 단기적 위기관리로 그쳐서는 곤란하다. 위기를 극복할 수 있는 장기적 계획이 필요하다. 판단 기준은 공정성과 환경의 지속 가능성이다. 또한 무분별하게 소비하던 시기에 대한 자성을 전제해야 한다.

환경을 고려하기 위해 성장을 포기해야 하는 것도 아니다. 성장을 추상적 전체로 보는 것은 의미가 없다. 경제의 대전환기에 재생 에너지 분야는 엄청나게 성장할 수 있다. 에너지 전환은 향후 수십 년간 전 세계에서 일어날 것이다. 화석 연료를 사용하는 국가 간의 생산력 확대 및 제조원가 절감 경쟁을 새로운 환경 친화적 산업 분야의 기술을 선점하려는 경쟁으로 대체해야 한다. 그러면 성장과 지속 가능성은 서로 충돌하지 않는다.

미래의 세계 산업 판도가 어떻게 발전할지, 그리고 어떤 기술이 우월하게 실현될지 큰 불확실성이 존재한다. 하지만 에너지 분야의 대전환이 현재 진행형이며 향후에도 이어진다는 것은 확실하다. 그 방향은 2016년 파리협정을 통해 이미 전 세계적으로 합의했다. 에너지 전환이 산업과 기술에 미칠 영향을 면밀히 검토하고, 기업이 에너지 전환을 선도할 수 있는 산업과 기술에 투자하도록 정부 정책이 역할을 해야 한다.

변화하는 거시 경제 환경

2022년은 인플레이션이 세계 경제를 강타한 해로 기록될 것이다. 미국의 소비자 물가 상승률은 2022년 1월 7.5퍼센트로 40년 만에 최고치였고, 2022년 9월에는 전년 동월 대비 8.2퍼센트 상승했다. 같은 달 독일의 물가 상승률은 정확히 10퍼센트로 올라섰으며, 한국의 소비자 물가지수는 5.6퍼센트 상승했다. 우리의 물가 지수가 수치는 낮았지만 이는 주거 비용 등을 제대로 반영하지 않아서 그런 것이지, 서민들이 실제로 느끼는 물가 압박은 지수가 가리키는 것보다 훨씬 더 나빴다.

오랜 기간 중앙은행들은 인플레이션 우려로부터 자유로웠고, 완화적 통화 정책을 통한 경기 부양과 성장 정책을 마음껏 즐겼다. 세금이나 국채 발행을 통해 조달한 재원으로 운영해야 하는 재정 지출의 역할을 최소화할 수 있었으니, 정치가와 정책 당국자들에게는 이보다 더 좋을 수 없었을 것이다.

2023년이 저물어가는 시점에 인플레이션 추세는 저유가에 힘입어 낮아지고 있다. 투자자들은 2024년에는 미국 연방준비제도이사회(Federal Reserve, Fed)가 금리를 인하할 것으로 기대한다. 그러나 시장이 바라는 대로 Fed가 금리 인하를 단행하더라도 과거처럼 낮은 수준이 될 때까지 지속할 것으로 보기는 어렵다. 인플레이션이 언제 재발할지 모르기 때문이다. 중립 금리 수준이 일반적 예상보다 높을 것이라는 의견도 많다. 거시 경제 환경은 바뀌었다.

새로운 거시 경제 환경에서 국가 부채 비율이 높은 국가들은 이자 부담으로 인해 국가 부채를 통한 재정 지출을 제약받게 되었다. 어렵지만 세금으로 조달한 재원을 바탕으로 하는 재정 지출만이 정책적 대안이다.

인플레이션은 고정 소득자들에게 실질 소득의 감소를 의미한다. 기초 연금·실업 급여·기초 생계비를 통해 생활을 유지하는 사람들, 최저 수준의 임금으로 사는 이들, 낮은 액수의 국민연금 수급자들과 같은 이 사회의 다수에게 헤쳐나가기 어려운 난관이 닥칠 것이다. 이로 인한 소비 위축은 소규모 사업자들에게도 재앙일 것이다. 정부가 재정을 통해 제일 먼저 해야 할 일은 이들의 어려움을 덜어주는 것이다. 실질 소득이 줄지 않도록 정부의 의무 지출 성격인 급여를 현실화해 줘야 한다. 낮은 소득 수준의 연금 급여도 마찬가지다. 이런 어려움을 덮어두고 재정 지출을 억제하는 것은 장기적으로 재정의 지속성 관점에서도 좋지 않다.

재정 지출의 기능 측면에서 보면, 현재 국면에서 재정 지출과 정부의 역할을 줄이는 것이 치명적으로 불리하게 작용할 가능성이 크다. 자산과 소득의 양극화로 사회적 긴장은 갈수록 견디기 힘들어지고 있다. 기후 위기 극복을 위해 민간의 투자를 견인할 정부 투자도 과감하게 이뤄져야 하는 상황이다.

이런 거시 경제 환경의 변화와 함께 세계의 통상 환경 또한 바뀌고 있다. 탈글로벌화와 진영화가 진행되는 가운데 브릭스(BRICS, 브라질·러시아·인도·중국·남아프리카공화국의 줄임말로 이들의 경제협력기구를 가리킨다. 2024년 사우디아라비아·아랍에미리트·아르헨티나·에티오피아·이란·이집트가 새로 가입했다)가 확대되었다. 이제 브릭스는 6개의 신규 회원국을 포함하면 전 세계에서 경제 규모 29퍼센트, 인구 46퍼센트, 면적은 32퍼센트이며 석유 매장량은 44퍼센트에 달한다. G7에 대한 강력한 대항마다. 브릭스는 미국과 달러의 패권적 지위를 받아들이기 어렵다는 입장을 확고하게 지키고 있다. 중국이 앙숙인 사우디아라비아와 이란을 진영 내에서 아우르는 모습을 보여주었다. 친미이던 사우디와 반미이던 이란 모두가 미국의 패권주의를 자국에 큰 위협으로, 중국과 협력을 더 나은 대안으로 판단했다는 것이다. 이런 결정은 앞으로 세계에 큰 흔적을 남길 것이다.

변화하는 세계의 통상 환경과 관련해 우리나라에 가장 중요한 것은 미국과 중국 틈에서 독자적 위치를 확보하는 것이다. 한국은 다른 나라를 침범하기에는 약한 나라지만 방어하는 입장으로 보면 약하거나 작은 나라가 아니다. 필요하면 스스로를 지정학적 지렛대로 활용해야 한다. 특정 국제 정치 블록에 무조건적으로 묶여 있어서는 곤란하다.

베를린 장벽이 무너지며 와해한 냉전 시대의 대립 구도가 30년이 지나 신냉전으로 재현되고 있다. 그러나 신냉전 시대는 냉전 시대와 결이 다르다. 냉전 시대 미국과 소련의 대립은 군사력에서 균형을 이뤘으나, 경제력에서는 미국을 비롯한 서반구가 압도적이었다. 신냉전 시대의 양강, 즉 미국과 중국의 경우 미국의 경제력이 아직 우월하나 압도적이라고 보기는 어렵고 시간이 지나며 우열도 바뀔 수 있다.

첨단 기술에서 우세한 미국은 다양한 방식으로 중국의 추격을 따돌리려 한다. 우리가 간과하면 안 되는 점은 미국도 약한 구석이 있다는 것이다. 미국은 수출국들이 보유한 미국 국채에 의존해 오랜 무역 적자를 지탱해왔고, 저렴한 중국 제품 덕에 인플레이션 없이 자국민의 높은 소비 수준을 감당할 수 있었다. 이를 가능케 한 미국의 달러 패권 체제에 미국을 제외한 나라 대부분이 차츰 등을 돌리고 있다. 중국과 일본은 미국채 보유를 빠르게 줄이고 있고, 중동의 산유국들과 러시아는 원유 거래 대금을 달러 이외의 통화로 결제하려 한다.

중국은 범용 기술 제품을 누구보다 낮은 가격으로 생산할 수 있는 나라다. 또한 재생 에너지 시설 분야에서 압도적 가격 우위 및 시장 점유율을 보여주고 있다. 기술 잠재력과 발전 속도도 빠르고 규모의 경제 측면에서 큰 이점이 있다. 도시화하지 않은 농촌 지역의 인구가 상당한 비중을 차지하기 때문에, 내부 시장 확대를 통한 발전의 여지도 아직 남아있다.

우리는 미국과 중국 중 하나를 택하라는 요구를 거부할 수 있다. 규범에 충실한 국제 관계에 입각해 양 진영과 모두 교류하며 독자노선을 유지할 수 있고, 그것이 우리의 경제 발전을 위한 방안이다.

재정의 기능과 세금의 역할

시장 경제 체제에서 정부의 역할은 경쟁이 잘 작동하도록 게임의 규칙을 정하고 감독하는 데 있다는 것이 전통적 시각이다. 경제학자들이 중시하는 효율성은 본질적으로 중립성의 개념이다. 중립적 세금은 왜곡을 줄이고 사회에 야기하는 부담도 최소화한다는 것이다. 중립적 세금 정책은 그 자체로 성장 친화적이라고 본다.

시장을 중시하는 전통적 시각을 견지하는 경제학자들도 시장에 정부의 개입이 필요한 때가 있다고 봤다. 환경 문제와 같은 외부 효과, 의약품의 경우처럼 전문가가 아닌 이들의 판단에 어려움을 야기하는 정보 비대칭성을 교정할 때다. 이런 문제가 경쟁을 왜곡할 수 있다는 점, 그리고 이를 정부가 적극적으로 해결해야 경쟁의 실제적 중립성을 확보할 수 있다는 점에 대해 경제학자들은 대체로 의견이 일치한다.

경제학계에서 전통적 시각과 진보적 시각은 분배 정책을 두고 갈린다. 전통적 견해에서도 분배 정책의 필요성을 완전히 부인하지는 않지만 성장이나 경제의 효율성과 배치한다고 보는 면이 강하다. 이와 달리 진보적 시각에서는 정부의 재정을 통한 적절한 분배 정책은 지속적 성장에 필요하다고 본다.

성장과 분배의 선순환과 재정 정책

개인들의 초기 환경에 차이가 큰 경우 시장에서 경쟁을 통해 극복하기 어려우므로, 정부가 시장의 불균형한 결과를 교정해줄 필요성이 있다. 시장의 결과가 개인들의 성장 배경 차이에 기인하지 않더라도 저소득 가구의 자녀들은 잠재적 소양을 충분히 발휘하지 못할 가능성이 크기 때문에, 미래의 인적 자원 개발 차원에서도 정부의 개입이 필요하다.

존 롤스(John Rawls)[1]·마이클 샌델(Michael Sandel)[2]·토마 피케티(Thomas Piketty)[3]·대니얼 카너먼(Daniel Kahneman)[4]을 비롯해 많은 학자들은 시장에서의 성공이 의미하는 바와 그 정책적 귀결을 평가하며, 시장에서의 성공에 성공한 사람 개인과 관련지을 수 없는 요인이 많다고 보고 있다. 물론 이런 사고의 정책적 귀결은 큰 폭의 정부 개입과 재분배 정책이다. 샌델의 경우 시장 경제에서 개인이 경제 활동의 결과로 획득하는 소득은 공동체 내 다른 이들의 도움을 받은 결과이며 공동체에 적절하게 분배해야 한다고 주장한다.

이런 주장에 입각하면 효율성의 규범적 위치(세금을 통한 왜곡의 최소화를 주장하는 입장)는 현저히 허약해진다. 이런 입장에서는 시장에서 성과에 대한 보상을 개인과 공동체가 반반 정도로 나누는 것을 자연스럽게 받아들일 수 있고, 나아가서 개인이 절반이나 차지하는 것을 혜택으로 볼 수도 있다. 다른 절반은 국가 공동체가 시장에서 성과에 대한 보상이 기초 생계비에 미치지 못하는 이들에게 분배하거나, 복지 서비스 제공에 사용할 수 있다.

시장에서의 성과에 대한 보상을 개인과 공동체가 반씩 나누는 것은 사실 극단적인 생각이 아니다. 최고 소득세율과 법인세율이 50퍼센트 정도면 되는 것이다. 현재 우리나라에서도 근로 소득세의 경우 지방세와 사회 보험 부담금을 감안하면 50퍼센트에 어느 정도 근접한다고 볼 수 있다. 그러나 양도 소득·금융 소득·임대 소득 등에 대해서는 그렇지 못하고, 법인세의 경우도 그보다 훨씬 낮게 부과하고 있다. 2차 세계대전 이후 수십 년간 세계 주요 국가들의 소득세·법인세율이 50퍼센트를 훌쩍 넘는 시기가 지속했다. 바로 그 기간이 자본주의 역사에서 경제 성장률이 특별히 높던 번영기였다는 점을 기억해야 한다.

우리나라의 1인당 국민 총소득(Gross National Income, GNI)이 3만 달러를 넘어선 지 오래지만 우리 삶은 여전히 어렵다. 근로 소득은 증가했으나 성장에서 소외되는 근로자 외 가계와 노인 가계가 증가하고 있다. 중위 계층 근로 소득자들의 생활도 불안정하다. 주거·교육·연금 문제는 대다수 가계를 힘들게 하고 있다. 명목 성장률 4~5퍼센트 대를 지속적으로 유지하고 국민 소득 3만 달러 수준으로 선진국의 문턱에 있는 나라가 이런 상황이라면, 경제 성장에 문제가 있다고 보는 것은 부적절하다. 분배가 문제일 가능성이 높다.

잘사는 나라들의 기업과 그 상품을 우리나라와 비교하는 것보다, 시민들의 생활을 비교해보는 것이 더 의미 있을 수 있다. 그들 나라에서 시민들이 누리는 다양하고 깊이 있는 여가·취미생활은 부가가치가 높은 관련 분야 전문 서비스에 대한 수요를 만든다. 이 수요는 지역 사회에 꽤 많은 일자리를 제공한다. 소비와 여가생활의 차이가 선진국과 우리 경제에서 나타나는 차이의 큰 부분을 설명해준다. 소비와 여가생활의 폭이 넓고 깊어야 일부 첨단 산업(주로 제조업)에서 이룬 경제 성과가 국가 전체로 순환하고 나눠지며 더 용이하게 확대 재생산한다.

OECD는 소득뿐만 아니라 주거·직업·커뮤니티·교육·환경·시민 참여·건강·삶의 만족도·안전·일과 삶의 균형과 같은 11개 지표를 통해 삶의 질을 측정하고 비교했는데, 우리나라의 경우 OECD 평균보다 낮은 수준이었다. 삶의 질 차이가 사회 활력의 차이와 더불어 성장에서 지속적 격차로 나타날 것이다. 따라서 기업이 근로자에게 적절한 여가시간을 보장해주는 것은 정말 중요하다. 이렇게 삶을 즐기는 문화가 정착하면 새로운 경제적 수요를 창출할 수 있기 때문이다. 소비와 내수 강화라는 경로를 통해 개별 주체들의 소득이 경제 성장으로 이어질 수 있다.

조세·재정 정책은 세금과 예산 투입으로 시장의 1차 분배 과정에 개입해 사회적 가치를 시장에 반영하도록 한다. 조세 정책에서는 누진적 세율 구조의 소득세를 통해 재분배 및 재원 조달 기능을 수행하고, 재정 정책에서는 정부 지출을 통해 사회 안전망을 유지하고 교육과 안전에 투자하며 일자리 창출이나 중소기업 지원을 해나간다. 세금과 재정 지출이 커지면서 분배 정책 수위도 대체로 올라간다.[5]

재정 지출이 늘어나면 그 지출 규모의 일정 부분은 세금으로 확보할 필요가 있다. 더욱이 우리는 시민들에게 제공하는 복지 혜택을 현재의 낮은 수준에서 OECD 국가들의 중간 수준으로 높이려는 단계에 있으니, 조세 부담률의 점진적 증가는 피할 수 없다. 이 과정에서 세수의 총액뿐만 아니라 그 공정성도 제고해야 한다.

조세 부과 과정의 분배 효과가 재정 지출 과정의 효과보다 미진한 것은 사실이다. 한국의 조세 수입 구조에서 소득세가 차지하는 비중은 주요 선진국에 비해 적기 때문이다. 또한 공제 제도에서 상대적으로 소득 상위 계층에게 유리한 보험료·교육비 공제 등을 많이 활용하기 때문이기도 하다. 그렇기에 조세 제도를 분배 효과가 좀더 커지도록 개편할 필요가 있다.

분배 효과 제고는 그 자체로도 중요하지만 기업이나 개인들이 잠재워둔 재원에 대한 과세라는 측면에서, 자원 배분의 효율성 개선 효과도 크다. 그리고 조세 정책을 어떤 수준으로 가동할지 고려하는 것은 중장기 재정의 지속 가능성을 위해서도 중요하다.

세금은 재정 수요의 조달 수단으로만 의미가 있는 것이 아니다. 경제 정책의 통로로서 조세 정책은 일반적으로 아는 것보다 더 강력하다. 예를 들면 탄소 발생을 줄이기 위한 에너지 전환 과정에서, 세금은 그 자체로 에너지 가격 체계를 새롭게 구성하는 요소가 된다. 또한 노동 유인을 위한 장려 세제로도 작용한다.

국제 분업에서 탈세계화가 계속된다면 우리 수준의 수출 주도형 경제는 한계에 봉착하게 되고, 내수 경제로 어느 정도 무게를 옮기는 경제 체질의 전환이 불가피해진다. 내수 경제의 성격이 강해지면 성장과 분배는 더 강하게 상호 지지한다. 분배가 잘되지 않으면 성장이 어려워지는 경향이 증폭하는 것이다. 예산과 조세 제도를 성장과 분배의 선순환을 위해 개편할 필요성도 커진다.

문재인 정부 시절 경제 정책의 핵심으로 내세운 소득 주도 성장은 분배보다 경제 성장을 더 중시하겠다는 의미도, 성장보다 분배가 더 중요하다는 의미도 아니다. 당시 한국 경제의 국면에서는 분배를 강화하는 것이 성장에 더 도움이 될 것이며, 분배와 성장을 동시에 추구할 수 있는 상황이라고 본 것이다. 현재도 이 상황은 이어지고 있다.

경제 혁신을 위한 정부의 역할

경기 대응 정책이 단기적 시계에서 운영하는 정책이라면, 장기적 시계에서는 성장과 경제 혁신이 중요하다. 기업이 생산성 향상과 품질 혁신을 통해 경쟁력을 유지하지 않으면 장기적으로 고용 유지가 어려울 수도 있기 때문이다.

혁신에서 국가의 역할에 대한 시각도 크게 변했다. 주류 경제학에서 혁신은 민간 기업의 영역에서 이뤄지는 것으로, 국가의 주된 역할은 단기적 경기 변동에 대한 대응으로 보았다. 반면 최근에는 국가의 역할이 민간의 혁신을 유인할 수 있고, 이것이 장기적 성장에 매우 중요하다는 시각이 지배적이다. 마리아나 마추카토(Mariana Mazzucato) 같은 경제학자는 국가가 혁신과 공공 가치의 창출을 주도해야 한다고 본다 (마이클 제이콥스, 마리아나 마추카토, 2017).

경제는 혁신을 통해 발전한다. 전통 경제학에서는 혁신이 민간 부문의 기술 변화로 일어나며, 정부는 기초 과학 분야 연구에 돈을 대는 것 외에 역할이 별로 없다고 여겼다. 그러나 이는 현실에서 벌어진 일에 비춰보면 잘못된 시각이었다. 민간 기업들은 자기 주식을 취득하고 주가를 높이는 데 대부분의 수익을 사용하면서 단기주의[6, 7]에 몰두하고, 연구·개발 투자는 응용 연구의 범주로 몰렸다. 기업이 규제를 완화하고 세금 부담을 줄이려는 로비를 하면서, 기초 연구에 대한 투자를 줄이고 정부 지출에 의존하려는 경향이 강해졌다.

잘 발전한 나라들에서 정부는 사실상 혁신에 광범위하게 개입해왔다. 과학 연구를 지원하는 것을 넘어 더 적극적이고 전략적인 방식으로 그렇게 했다. 또한 정부는 혁신의 방향을 잡고 어떤 연구에 지원이 필요할지를 결정했다. 1960~1980년대의 미국은 컴퓨팅·정보 통신 기술을, 오늘날 독일·덴마크·중국은 녹색 기술을 선택했다(마이클 제이콥스, 마리아나 마추카토, 2017).

혁신은 기업과 정부 양쪽에서 일어나는, 기초 연구와 응용 연구의 상호 작용으로 가능한 것이다. 혁신을 주도하는 기업가형 국가는 기초와 응용 연구에 모두 관여하고, 가끔은 초기 단계의 위험 금융까지 담당하기도 한다. 민간 투자자 대부분은 공공 부문이 특정 영역에 투자한 후 성공 가능성이 충분히 높아진 것을 보고 참여한다. 빌 게이츠(Bill Gates)나 스티브 잡스(Steve Jobs) 같은 혁신가들도 정부가 돈을 댄 기술의 물결을 탔기 때문에 위대한 상품을 만들 수 있었다(마이클 제이콥스, 마리아나 마추카토, 2017). 이런 미국 정부의 연구 투자는 국방부만 한 것이 아니다. 보건부는 생명공학·의약품, 에너지부는 재생 에너지 분야에 투자했기 때문에 민간 기업들의 수많은 성공 사례가 가능했다.

큰 연구 계획이 실패하는 경우 국가는 그 책임을 떠맡게 된다(예: 영국과 프랑스가 합작한 초음속 여객기 콩코르드). 반면 공동 프로젝트가 성공하는 경우(예: 인터넷, 바이오 기술) 그 혜택은 흔히 민간 기업이 홀로 누린다(마이클 제이콥스, 마리아나 마추카토, 2017). 국가가 선도 투자자로서 위험을 감수하는 역할을 수행했다면, 위험의 사회화와 마찬가지로 보상의 사회화도 필요하다. 국가가 투자에서 어떤 역할을 한다면 성과에 따른 명성이나 보상도 얻는 것이 바람직하다.

국가가 수익 일부를 확보하는 것만이 투자가 성공하는 유일한 방법은 아니다. 국가의 연구 투자로 창출한 지식을 통해 기업의 수익이 생기면, 이는 다시 다른 민간 영역으로 넘쳐(스필오버) 다른 기업과 근로자들이 이익과 소득을 거둔다. 국가는 이를 세금으로 환수해 다시 다른 프로젝트에 투자할 수 있다. 정부의 선도적 연구 투자에 대한 보상이라는 측면에서도 성공한 기업의 세금은 의미가 있다. 세금은 의미 없는 비용이 아니다.

국가의 선도적 투자가 아직 존재하지 않는 시장을 형성하는 경우가 자주 있다. 정부의 선도적 투자 없이 전기차 시장은 가능하지 않았거나, 수십 년 후에나 가능했을 것이다. 국가의 혁신적 기업가 역할에서 관건은 혁신을 지원하는 장기 인내 자본을 어떻게 만들 것인지다. 불확실성이 있는 혁신 사슬 투자에서 공공 금융의 역할이 중요한 것은 민간 금융의 단기주의 성향 때문이다.

장기적 인내 자본을 제공하는 국가투자은행의 모범으로 중국의 국가개발은행(國家開發銀行), 독일의 KfW, 유럽투자은행(European Investment

Bank, EIB), 브라질개발은행(Brazilian Development Bank, BNDES)을 들 수 있다.[8] 이 은행들은 공공 재원을 활용해 사명 지향 투자(project oriented investment)를 수행한다. 유럽투자은행은 유럽의 지속 가능 도시 프로젝트, KfW는 독일 산업과 인프라의 녹색화·현대화 사업, 중국개발은행은 재생 에너지 사업을 지원했다. 이들이 제공하는 인내 자본은 단순히 시장 실패를 교정한 것인가? 이들은 시장을 적극적으로 창출했다. 거대한 전환을 위한 길을 준비한 것이다.

선거와 세금 그리고 민주주의

민주주의를 오래 경험한 나라들에서는 시민들의 일상생활에 큰 영향을 미치는 조세·재정 관련 이슈를 중요한 선거 공약으로 제시한다. 정치가와 정당들은 제도 개편의 방향성을 담은 공약을 제시하고, 시민들은 이를 기준으로 선택하는 것이다. 이런 과정을 거쳐 현재의 조세·재정 제도가 형성되었다. 제도 개혁을 바라는 시민들과 당선을 바라는 후보자들이 선거 과정에서 집중적으로 의사소통하고, 시민들이 집단 의사 결정으로 선택한 후보가 이후 제도를 개혁하는 것이다.

우리나라 정치인들은 선거 때 세금을 가능하면 언급하지 않으려 하는 것으로 보인다. 경험상 세금을 논하면 득표에 불리하므로 당선을 위해 그 편이 유리하다고 가정하고, 증세가 필요하다면 당선 이후 공론화 과정을 가능한 한 짧게 거쳐 전격적 세제 개혁을 한다는 것이다. 정치인들은 이런 방식이 효율적이라고 생각할지도 모른다. 그러나 이렇게 생각한다면 실패는 예정된 것이다.

2022년 대통령 선거에서도 역시 세금과 관련한 공약은 거의 없었다. 종합 부동산세(종부세)나 국토 보유세도 부동산 문제를 다루는 차원에서 언급했을 뿐, 국가 재정 측면에서 세제 개편의 필요성을 논하는 것이 아니었다. 후보들이 언급하는 부동산세제도 구체성이 부족한 수수께끼 같은 내용이라, 언론이 전문가들에게 물어가며 이리저리 해석하느라 바빴다. 반면 비교적 최근에 선거를 치른 미국과 독일에서는 기후 변화에 대한 대응책과 함께 재정·조세 이슈가 가장 중요한 공약으로, 유권자들의 표심을 가르는 기준이었다. 치열한 선거 과정을 거쳐 미국에서는 소득 상위 계층·자산 소득에 대한 과세 강화를 공약으로 내세운 민주당의 조 바이든(Joe Biden)이 대통령으로 당선됐고, 독일에서는 소득 상위 계층 과세 강화를 주창한 사회민주당과 녹색당, 그리고 이에 반대하는 자유민주당이 같이 연합 정부를 구성했다.

대선까지 아직 시간이 남아 있던 후보 시절에 문재인 전 대통령이 불평등한 사회를 바꾸는 정책 수단으로 세제 개혁에 상당히 관심을 가진 것으로 기억한다. 그러나 관련 내용은 대선이 가까워지면서 중요한 선거 공약에서 빠졌고 선거 운동은 득표 관리 체제로 전환했다. 취임 후 문 대통령은 세제 개혁에 대한 언론의 질문에 조세개혁특별위원회를 만들고 여론을 반영해 추진하겠다고 미루다가, 더 이상 미룰 수 없을 때 재정개혁특위를 만들었다. 조세에 대한 관심을 희석하기 위해 이름을 바꾼 것이다. 그리고 재정개혁특위 구성부터 의제 제안까지 위원들의 활동은 대체로 기획재정부(기재부)의 관리하에 진행했고, 기재부 세제실장이 회의 과정에 개입했다. 이는 청와대 정책실의 묵인하에 이루어졌다. 결과적으로 재정개혁특위의 부동산 관련 세제 개편 제안은 종부세만 미약하게 강화하고 임대 사업자에 대한 세제 특혜는 거의 건드리지 못하는 수준에 그쳤다. 그나마 당시 기재부 김동연 장관이 수용하지 않았다는 것은 언론에서 반복해 보도한 바 있다. 이런 정책 결정이 부동산 시장에 어떤 신호를 보냈는지는 이후 부동산 시장의 양상이 잘 설명해준다. 부동산세제는 금융 정책에서 대출 규제 실패와 함께 부동산 시장의 실패에 가장 큰 영향을 미친 정책 분야다.

물론 문재인 정부에서 경험한 급격한 부동산 가격 상승은 상당 부분 예외적인 외부 경제 환경에 따른 것이다. 문재인 정부 초기에 어떻게 코로나 경제 위기나 그로 인한 초저금리를 전망할 수 있었겠는가? 이 초저금리와 금융 완화는 한국의 또 다른 특수한 상황인 수도권 인구 집중과 겹치면서 큰 폭의 주택 가격 상승을 야기했다. 그러나 만약 금융·세제 정책에서 잘 대비하고 있었다면, 외부 환경의 영향에도 불구하고 우리가 문재인 정부에서 겪은 수준의 가격 상승은 없었을 것이다.

조세 개혁은 대선에서 공약으로 제시해 인정받지 않고서는 임기 중에 실현할 수 있는 동력을 얻기 힘들다. 공약에서 명백히 밝히지 않은 내용을 갑자기 내밀고 개혁하겠다고 하면 강력한 조세 저항이 생긴다. 임기 중에도 총선거·지방 선거·보궐 선거는 계속 닥쳐온다. 이미 제시한 공약을 실천하는 경우는 예측이 가능했으므로 조세 저항이 훨씬 약할 것이다.

정당과 정치인들은 선거를 반복적 게임으로 이해할 필요가 있다. 대선·총선·지선·보선이 이어지는 와중에도 눈앞의 선거에 매몰하지 않고 소속 정당의 핵심 가치에 부응하며 정체성을 유지하는 정책을 채택해야 하고, 시민들은 이런 정당에 표를 줘야 한다. 언론의 주장도 여론 주도층의 생각도 표심과 반드시 일치하지는 않음을 파악해야 한다. 물론 각 정당의 지지층은 서로 다르다. 진보 정당과 보수 정당이 각자 지지층의 가치에 부합하는 정책을 선택하고 이를 계속 추구한다면 장기적으로는 선거에서 유리할 것이다.

진보적 대중 정당은 조세·재정 정책의 비전을 어떻게 구성할 것인가? 진보 정당이 지향하는 핵심 가치에 충실해야 한다. 지지층의 이해를 대변하고 일관적으로 지속 가능한 조세·재정 정책을 선택해야 한다. 재정 정책의 경우 취약 계층에 대한 복지 강화·일자리 창출 지원·경제 체계 전환을 위한 선제적 공공 투자·인적 자본에 대한 공공 투자가, 조세 정책의 경우 불평등을 해소하고 기후 변화에 적절히 대응하는 방향으로 소득세·법인세·종부세·상속세·금융 소득 위주의 점진적 과세 강화가 답이다.

선거에 임하는 정당은 지지층과 확장성을 모두 염두에 둬야 한다. 재정 수입과 지출의 혜택 및 부담은 대상이 명백하고 소득 계층별로 차이가 크므로, 현실적으로 상중하의 소득 계층을 아우르는 정책을 실현하기 어렵다. 그렇게 하는 경우 지지층도 잃고 확장성도 놓칠 위험이 존재한다. 진보적 대중 정당으로서는 조세·재정 정책의 수단은 중하위 소득 계층을 위해 투입함으로써 지지층을 단단히 하고, 확장성은 외교·교육 등 다른 정책 분야를 활용하는 것이 효율적이다. 국민 열명 중 여섯 명이 고소득층 세금 부담이 낮다고 생각한다는 한국보건사회연구원의 설문 조사 결과(정은희 외, 2022)가 있다.

앞서 밝혔듯 우리는 시민들에게 제공하는 복지 혜택을 OECD 국가들의 중간 수준으로 높이려는 단계이므로 조세 부담률의 점진적 증가는 피할 수 없다. 대선 후보들이 이런 시대적 과제와 필요성을 의식하지 않는 것은 책임을 방기하는 것이며, 선거 과정에서 어떤 방식으로 세금을 늘릴 것인지 공약을 제시하고 심판받아야 한다. 보수 후보는 세금을 줄여준다고 하고 진보 후보는 부자들에게만 세금을 부과한다고 한다. 이쯤 되면 형편없는 포퓰리스트들이라고 비난받아도 변명의 여지가 없다. 그렇게는 한국 사회가 당면한 위기를 돌파할 수 없기 때문이다.

앞으로 세금이 한국 사회의 최대 갈등 요인이 될 것이라고 말하는 이들이 있다. 세금을 둘러싸고 사생결단의 정치가 전개된다는 것이다. 다른 말로 하면 때가 온 것이다. 이제 세금에 대해 정직하게 말하는 정치가가 유권자들에게 높이 평가받을 때가 왔다.

2부

재정 정책의 현실적 갈등

03

재정 정책의 효과

경제 침체기에 재정 정책은 유효한 경기 부양 수단이다. 특히 저금리 시기에 비용 대비 효과가 좋다. 증세를 통한 재정 지출도 긍정적 효과가 있다. 한편 경기 부진이 공급의 문제에 기인하는 경우 주의가 필요하다. 또한 재정 정책은 장기적 경제 성장에도 중요한 역할을 할 수 있다.

재정 지출 승수 효과

재정 지출 승수는 정부 지출 증가로 인해 GDP가 올라가는 비율을 보여주는 수치다. 이 재정 지출 승수는 나라와 시점에 따라 달라지는 것이 일반적이다. 재정 지출 승수가 크면 정부의 재정 지출 확대로 인한

GDP 증가 규모가 크므로, 재정 지출을 늘리는 것이 상대적으로 더 효율적이고 바람직하다고 판단할 수 있다.

재정 지출 승수는 통상 경제 침체기에 평상시보다 높게 나타나는 것으로 분석한다. 정부 지출 확대에 비해 높은 성장 효과가 나타나는 것이다. 미국 의회예산처(Congressional Budget Office, CBO)의 연구 자료에서 잠재 GDP가 실제 GDP보다 큰 경우(경기 침체기) 재정 지출 승수는 0.5에서 2.5에 이르렀다(Whalen & Reichling, 2015, p. 12). 또한 2020년 도널드 트럼프(Donald Trump) 행정부에서 코로나19 관련 소득 지원(이전 지출)의 경제적 효과에 대한 경제정책연구소(CEPR)의 연구에서는 지출 승수를 2.0으로 분석했다(Bayer et al., 2020).

미국과 같은 대규모 국가는 소규모 국가와 재정 지출 승수에서 차이가 클 수 있다. 소규모 국가의 경우 일반적으로 수출입 의존도가 높아 재정 지출의 경기 부양 효과가 국내에 머물지 않고 일부 해외로 유출되기 때문이다. 한편 세계적 경제 침체기에 경제 규모가 큰 국가들이 동시에 재정 지출 확장에 나서는 경우, 경제 규모가 크지 않은 개별 국가들에 적용하는 재정 지출 승수도 큰 폭으로 개선할 수 있다. 주요 선진국에서 경제 침체기에 재정을 크게 확장하는 것은 자국의 내수 진작을 위해서지만, 세계가 공급 체인으로 연결된 현실에서 결국 글로벌 수요에 영향을 준다. 그런가 하면 탈글로벌화 보호무역주의 추세로 인해 재정 지출 확대의 내수 진작 효과가 증대할 수도 있다.

재정 지출 증가로 인한 총수요 진작의 경기 부양 효과는 재정 지출 재원을 어떻게 조달했는지에 따라 일정 부분 감소할 수 있다. 증세를 통한 재원 조달의 경우 조세 승수 효과만큼 효과가 줄어드는데, 통상 조세 승수 효과는 재정 지출 승수 효과보다 낮은 수준이다. 민간의 경제 주체에 대한 정부의 조세 부과는 민간의 저축 성향을 제외한 비율만큼만 총수요를 감소시키는 반면, 세금을 통해 정부로 옮긴 재원을 재정 지출에 사용하면 그 전액이 총수요를 증가하게 만들기 때문이다.

　전통 경제학에서는 국채 발행을 통해 재정 지출의 재원을 조달하면 구축 효과(驅逐效果, crowding out effect)를 일으킨다고 주장한다. 채권 시장의 이자율 증가로 기업의 생산 비용이 증가한다는 것이다. 그러나 국가가 하는 일과 기업이 하는 일은 보통 동질적이지 않고 따라서 서로 대체할 수 없다. 일의 내용이 서로 다르기 때문에 정부의 일이 민간 기업의 일을 몰아낸다고 보는 것은 부적절하다. 예를 들어 정부가 정부 부채로 조달한 재원으로 기초 연구나 장기 발전에 필요한 에너지 전환의 하부 구조에 투자하는 경우, 이는 민간이 할 수 없는 일을 하는 것이다. 한편 경제 부진의 원인이 공급에 관련한 경우 정부 지출 확대를 통한 총수요 증가는 인플레이션을 유발하는 부정적 역할을 하게 된다.

　여러 연구에서 정부 재정의 지출 승수를 1보다 높거나 낮은, 편차가 상당한 수치로 제시하고 있다. 재정 지출 승수가 1보다 높으면 재정 지출의 증가는 전체적으로 경기를 부양하는 효과가 있는 것이며, 1보다 낮으면 그렇지 못한 것이다. 그렇기에 분석에서 나타나는 편차는 정책 당국자들을 당혹스럽게 한다.

　중요한 것은 재정 지출 승수를 어느 시점의 통계 자료를 바탕으로 산출한 것인지, 그리고 그 분석 결과를 현시점에 그대로 적용할 수 있는지 생각해야 한다는 점이다. 재정 지출 승수 계산에서 낮은 수치가 나오는 것은 일반적으로 경기가 좋은 시점의 데이터를 반영했기 때문이지만, 간혹 정부의 재정 지출이 민간의 (투자) 지출을 구축할 것이라는 생각이 분석 모형에 내재하기 때문이기도 하다.

경제 침체기에 재정 지출을 증가시키는 경우 구축 효과는 낮게, 재정 지출 승수는 높게 작용하는 것이 일반적이다. 따라서 경제 침체기의 재정 정책을 결정할 때 기존 연구에서 제시하는, 낮게 계산한 재정 지출 승수를 고려하는 것은 의미가 없다. 분석의 바탕이 된 경제 자료를 추출한 시점과 재정 지출이 작용할 시점에 경제 현실이 다르기 때문이다.

이력 효과

시장에서 경쟁에 따르는 실업과 기업 도산에는 창조적 파괴라는 긍정적 측면이 있기도 하지만, 코로나19와 같은 외생적 요인인 경우 인적·물적 자본의 일방적 파괴를 초래한다. 이런 부정적 영향은 단기적 경제 위기로 이어질 수 있을 뿐만 아니라, 중장기 경제 성장의 잠재력을 저하한다. 이와 같은 효과를 경제학에서는 이력 효과(履歷效果, hysteresis effect)라고 부른다.

이력 효과는 특정 변수의 일시적 변화가 이후에도 이어진다는 의미로, 다양한 미시적·거시적 경제 현상의 지속성을 설명하기 위해 사용한다. 예를 들어 경제 침체기에 실업 상태가 된 근로자가 그 상황에서 어느 정도 시간을 보내고 나면 인적 자원이 훼손되어 이전으로 돌아가기 어렵고, 이것이 잠재 성장률을 낮추는 방향으로 작용한다는 것이다.

재정 지출 확대는 경기 부양에는 효과가 있으나, 장기적 성장률 제고에는 효과가 없다는 것이 전통적 시각이다. 그러나 최근 이력 효과가 존재한다는 연구 결과를 중심으로, 경제 침체기의 재정 지출 확대는 단기적 경기 부양을 넘어 성장 잠재력의 단계적 하향화를 막아줌으로써 장기 성장률 제고에 기여한다는 의견이 대두하고 있다. 즉 수요 확대를 통한 단기적 경제 활성화가 장기적 성장을 높이는 효과로 이어진다는 것이다. 유럽 국가들에서 경기가 나쁠 때 정부 부채 상승을 우려해 재정 지출 확대로 성장률 하락을 막지 않은 결과, 경기가 좋아질 때 성장이 낮은 수준에서 출발했다고 한다. 즉 장기적 추세선이 한 단계 낮은 수준에서 같은 기울기로 올라간다는 것인데, 재정 지출을 확대해 성장률 하락을 막았다면 경기 회복의 출발점이 높고 기울기는 같았을 것임을 지적하고 있다. 이렇게 보면 단기적 경기 부양, 특히 인적 자원을 손실하지 않도록 해주는 것이 장기적 성장에 중요하다.

다시 말해 2008년 금융 위기 때 유럽 국가들이 경제 위축에 충분한 재정 지출로 대처하지 못한 탓에 V자가 아닌 L자 회복을 하게 된 것이며, 이는 이력 효과의 존재를 잘 보여준다(Fatás & Summers, 2018). 그림 3.1이 보여주는 것은 2007년 이전까지 유로존 국가들의 GDP 성장 경로에 차이가 없었으나, 경제 위축에 재정 지출로 충분히 대처하지 못한 나라들을 보여주는 GDP16의 경우 2008년 이후 GDP7이나 GDP11에 비해 성장률에서 뒤떨어지고, 이를 반영해 잠재 성장률도

그림 3.1 유로존 국가의 GDP 성장률 및 잠재 성장률 　　　　　(단위: Index 1999=100)

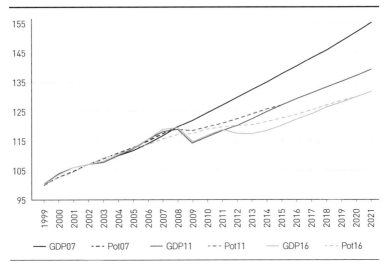

주: Pot=잠재 성장률.
출처: Fatás & Summers(2016), p. 3.

낮아지는 추세라는 것이다. 그러므로 경제 위기에 대응하는 재정 지출 확대는 긴급 생활 지원이자 경기 부양 정책인 동시에, 중장기 성장 정책이라 할 수 있다.

　L자 회복이란 위기 이후 경제 수준이 낮아진 상태에서 반등 없이 과거의 성장률로 돌아가는 것, 즉 성장 잠재력의 손실을 의미한다. 그림 3.2의 경로 B가 L자 회복을 나타낸다. 반면 위기가 지나고 경제가 V자 회복을 한다면 그림 3.2의 경로 A를 따르는 것이며, 경로 A와 B 사이의 면적 C는 V자 회복 대신 L자 회복을 하는 경우 감수해야 하는 경제 규모 손실이다.

　이력 효과가 존재한다는 것은 재정 지출 승수로 인한 재정 지출 확

그림 3.2 경제 회복의 경로와 GDP

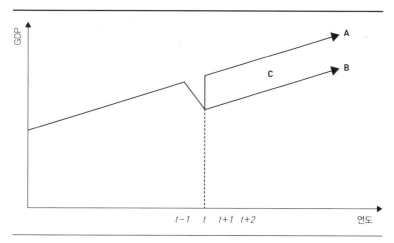

출처: 저자 작성.

대의 단기적 경제 성장 효과가 그 이후에도 일부 지속한다는 뜻이다. 이 경우 재정 지출 확대에 따르는 세수 증대를 통해 자기 조달 기능도 강화된다.

확장적 재정 정책의 비용은 금리 수준에 따라 크게 다르다. 저금리 기조에서 정부의 재정 적자로 인한 이자 지출은 금리가 정상적인 경우에 비해 현저히 낮고, GDP나 정부 총지출에 비해도 낮은 비율일 것이다. 재정 적자에 대해 지불해야 할 비용이 낮으므로, 재정 지출 확대로 인한 사회적 효용이 일정하다면 재정 지출 확대가 상대적으로 더 유리해진다.

재정 정책과 경제 성장

주류 경제학에서는 경제 발전 및 성장에서 재정 정책의 역할을 크게 보지 않았다. 경제 성장은 민간 부문의 기술 변화에 따라 이루어지므로, 민간 기업의 혁신이 장기적 경제 성장을 좌우한다고 보았다. 그러나 앞에서 설명한 바와 같이 잘 발전한 나라들에서 정부는 사실상 혁신 과정에 광범위하게 개입해 큰 성과를 거두었다. 기초 과학 연구 지원을 넘어 정부가 혁신의 방향을 잡고 기초 및 응용 연구에 관여했으며 벤처 캐피털을 제공하는 초기 단계의 위험 금융까지 담당했다. 오히려 기업은 공공 부문이 특정 영역에 투자한 후 성공 가능성이 충분히 높아진 것을 보고 참여했다. 오늘날 미국 인터넷 기업들의 성공에는 국방부 소속 고등연구계획국(Defense Advanced Research Projects Agency, DARPA)의 지원이 큰 역할을 했고, 독일 기업들의 기술 개발과 국제 경쟁력에는 막스플랑크연구소(Max-Planck-Gesellschaft)와 프라운호퍼연구소(Fraunhofer-Gesellschaft)의 역할이 지대했다.

국가의 재정 지출과 조세 감면을 통한 R&D 지원만 경제 성장에 유효한 것은 아니다. 국가의 하부 구조에 대한 미래 지향적·선도적 투자는 아직 존재하지 않는 시장을 창출하기도 한다. 현재의 전기차·재생 에너지 시장의 형성에 국가의 역할이 얼마나 컸는지 상기해보자. 또한 국가는 기업의 혁신을 지원하는 공공 금융 기관을 통해 장기 인내 자본을 제공한다.

복지 제도 확충을 통한 사회 안전망 구축과 균형 있는 노사 관계를 위한 정부의 노력도 지속적 경제 성장을 위해 필요하다. 인적 자원 개발을 위한 공공 부문의 교육 투자는 장기적 경제 발전의 핵심으로 여긴다. 시장 경제가 지속적으로 성장하려면 시장에서 경제 활동의 가치를 낮게 평가받는 이들도 복지 제도를 통해 최소한의 생계를 유지하고, 자녀를 미래 경제가 필요로 하는 인적 자원으로 양육할 수 있어야 한다. 즉 어느 정도의 복지는 시장 경제를 유지하는 필수 요소다. 보수 정권에서 복지 제도를 도입하거나 확대한 사례가 적지 않음을 역사가 말해준다.

　한국의 경우 과거 수십 년간 예산의 큰 부분을 경제 분야에 할애했고 지금도 여전히 그렇다. 경제 예산은 기업이 사용할 교통·통신·에너지·공장 부지·인프라에 투입했고, 산업에서 필요로 하는 인적 자원에 맞추어 교육 예산을 지출했고, GDP 대비 R&D 예산 비중은 전 세계에서 가장 높은 수준이었다. 이에 대한 긍정적 평가와 부정적 평가가 모두 가능하지만, 부정할 수 없는 것은 지난날 경제 성장에 대한 정부와 공공 영역의 역할이 지대했다는 것이다.

재정 지출의 재원과 자기 조달 효과

재원 조달의 원칙

재정 지출의 성격을 고려해 예외적 상황의 규모가 큰 일회성 지출은 부채로, 효용이 중기적으로 지속하는 공공 투자와 같은 지출은 증세와 부채로 나눠서 하는 것이 바람직하다. 매년 정기적인 정부 지출은 세금을 통해 재원을 조달해야 하며, 부족한 경우 증세가 필요하다.

증세는 경제 위기와 같이 어려운 시기에 국민들이 고통을 분담하는 의미가 있고, 대외 신인도 제고에도 바람직하다. 경제 위기에 증세를 할 수 있는 나라가 안정적 국정 운영이 가능하고, 민주주의와 사회적 신뢰가 정착한 나라라고 볼 수 있다. 중부담·중복지를 지향하는 국가의 공적 영역의 규모가 적절한 경제에서는, 기업이나 가계가 적정한 수준의 세금을 부담하는 동시에 경쟁력을 유지하는 경제 활동도 수행하는 것이 충분히 가능하다. 경제 위기나 재난의 시기에는 사회적 고통 분담이 필요하다는 인식하에 필요한 증세를 미루지 말고 시행할 필요가 있다.

재정 지출 재원의 자기 조달

증가하는 재정 지출을 국채 발행으로 조달하는 경우, 재정 지출로 재정 지출 승수 효과가 발생해 경제를 성장시키며 이를 통한 추가 세수가 발생한다. 나아가서 경제 성장이 단기에 국한하지 않고 장기적 효과(이력 효과)도 나타날 수 있는데, 이 경우 추가 세수도 장기간에 걸쳐 늘어난다. 이렇게 긴 기간 동안 발생하는 세수 증가는 초기 승수 효과를 야기한 재정 지출에 정부가 쓴 재원을 회수할 수 있게 해준다. 재정 지출에 소모한 재원을 얼마만큼의 비율로 회수할 수 있는지는 승수 효과·이력 효과의 크기, 그리고 재원의 비용에 해당하는 시장 이자율에 달렸다.

들롱과 서머스(DeLong & Summers, 2012)의 연구에서는 수요가 제한적인 경제에서 재정 승수가 1.5, 장기 국가 채무에 대한 연간 실질 이자율이 1퍼센트라고 가정했다. 그리고 GDP가 1달러 증가할 때 재정 수지 개선 효과를 0.33달러로 보았다(Bayer et al., 2020).[1] 또 특정 연도에 GDP가 잠재 수준보다 1달러 부족하다면, 미래의 GDP는 매년 0.01달러씩 감소한다고 가정했다.[2] 이때 정부 지출이 1달러 증가하는 경우 당해 GDP는 1.5달러 증가하고, 늘어난 GDP의 0.33배만큼 재정 수지 개선 효과가 있으므로 부채는 0.5달러만 증가한다. 추가 부채에 대한 이자 비용은 매년 0.005달러이고 GDP가 1.5달러 증가했으니, 이력 효과로 인해 미래의 잠재 생산은 매년 0.015달러 증가한다. 미래에 실질 생산이 매년 0.015달러만큼 늘어나면 재정 수지는 해마다 0.005달러 개선되고, 이는 부채에 대한 이자 비용과 동일하다.

위 연구 결과는 경제 침체기의 재정 지출 확대는 재정 지출 승수 효과와 이력 효과를 통해 이자 비용을 자기 조달(自己調達, self-financing)할 수 있어, 일정한 조건을 충족하는 경우 장기 재정 수지가 악화하는 것이 아니라 오히려 개선된다는 것을 말해준다. 즉 재정 승수가 1.5, 장기 국가 채무에 대한 연간 실질 이자율이 1퍼센트, 미래의 잠재 생산에 대한 이력 현상의 효과가 1퍼센트라는 조건을 만족할 때 재정 지출 확대의 이자 비용을 따로 마련하지 않아도 된다는 것이다. 재정 승수가 더 높아지거나, 실질 이자율이 더 낮아지거나, 미래의 잠재 생산에 대한 이력 효과가 더 높아지는 경우, 재정 지출 확대는 이자 비용보다 더 많은 세수로 이어져 장기 재정 수지가 개선된다. 역으로 재정 승수가 낮아지거나, 실질 이자율이 높아지거나, 미래의 잠재 생산에 대한 이력 효과가 더 낮아지는 경우, 재정 수지는 악화한다.

다음 사항을 고려하면 이런 주장은 상당히 설득력이 있다. 첫째, 근본적 경제 성장을 위한 재정 균형의 조건은 부채 규모의 절대적 적정성이 아닌, GDP에 대한 비율의 안정성이다. 둘째, 재정 확장의 결과로 미래 물가 수준이 상승할 경우 부채에 대한 실질 이자율은 감소할 수 있다. 셋째, 정부의 추가 지출 증가로 생산적 공공 인프라와 민간의 인적 자본이 증가해 미래의 생산성이 높아질 수 있다(DeLong & Summers, 2012, pp. 236-237).

장기적 이력 효과를 무시하고 단기적 승수 효과만을 고려해, 한국의 재정 지출 확대와 자기 조달 비율을 간략히 계산해보자. 1.4퍼센트로 전망하는 2023년 한국 경제 성장률을 2퍼센트로 끌어올리기 위해 필요한 재정 지출 확대 규모는 재정 지출 승수 0.5, 1.0, 2.0, 2.5를 기준으로 계산하면 각각 24조 원, 12조 원, 6조 원, 4.8조 원이다. 성장률 0.6퍼센트포인트 상승의 세수 증대 효과를 조세 부담률 20퍼센트 기준으로 계산하면 2.4조 원이며 재정 지출 확대 24조 원, 12조 원, 6조 원, 4.8조 원의 자기 조달 비율은 각각 10퍼센트, 20퍼센트, 40퍼센트, 50퍼센트가 된다.

경제 침체기의 재정 정책

경기 침체기에 재정 지출 확대의 긍정적 효과는 부정적 효과를 능가하는 것으로 판단한다. 그러나 대규모 국채 발행은 자본 시장에서 일시적 이자율 상승을 유발할 가능성이 있으므로, 통화 당국과 정책을 조율해 신중히 대응해야 한다.

위기 상황에서 국가 채무 비율에 대한 인식은 상대적이다. 즉 국가 채무 비율을 다른 나라들보다 반 발짝씩 늦게 높이면 비교적 건전하다는 인식을 유지하고 자금 조달 비용 상승을 피할 수 있다. 그리고 전 세계가 확장적 재정 정책을 쓰는 경우 한국만 시행하는 경우에 비해 재정 여력이 커진다. 우리나라만 확장적 재정 정책을 쓰면 환율이 절상되어 해외 수요 감소가 국내 수요 증가를 상쇄하지만, 모든 나라가 그렇게 하면 환율 절상의 부담을 덜 수 있기 때문이다.

우리의 재정 여력은 충분한 수준이다. 따라서 경기 침체기나 경제 구조 개혁이 꼭 필요한 경우에 확장적 재정 정책 운영을 주저할 이유가 없다. GDP 대비 국가 채무 비율이 미국·EU 등 선진국에 비해 충분히 낮고, 경기 침체기에 재정 지출로 인한 수요 과잉의 인플레이션을 유발할 우려도 거의 없다. 외환 보유액 순위는 세계 9위이며 대외 순채권 규모도 크다. 국가 채무 비율이 다소 상승하더라도 국가 신용등급에 대한 영향은 제한적일 것이다.

증세를 수반하는 재정 지출 확대의 경제적 효과

증세를 수반하는 재정 지출 확대의 경제적 효과는 증세 규모가 재정 지출 확대 규모와 동일한 경우와 증세 규모가 재정 지출 확대 규모보다 작은 경우로 나눌 수 있다. 두 경우 모두 경제 침체기에 확장적 재정 지출의 글로벌 공조를 전제하면 경제 활성화가 가능하다. 먼저 재정 지출 확대와 규모가 동일한 증세의 경우, 기존 연구에서는 경기 부양 효과를 부정하기도 하지만 이는 세금을 어떤 소득 계층에 할당하고 어느 분야에 지출하는지에 따라 달라진다. 특히 한계 소비 성향이 낮은 소득 상위 계층에서 부담한 세금을 소득 하위 계층을 위한 이전 지출이나 정부 투자 및 소비에 사용하는 경우, 경기 부양 효과를 기대할 수 있다. 재정 지출 확대 규모의 2분의 1 정도 증세를 계획하는 경우 뚜렷한 경기 부양 효과를 예상한다.

04

재정의 지속 가능성

국민 경제가 원활하게 작동하는 경우 재정 지출에 사용한 재원은 성장을 통해 일정 부분 회수한다. 재정 건전성이라는 좁은 잣대로 정부의 활동을 옥죄면 오히려 재정의 지속 가능성이 낮아질 우려가 있다.

가계 부채·기업 부채·정부 부채 수준의 국제 비교

가계 부채

한국의 가계 부채는 2021년 1분기 GDP 대비 104.9퍼센트로 전 세계(68.7퍼센트), 선진국(79.0퍼센트), 신흥국(52.8퍼센트)에 비해 높게 나타났다(그림 4.1 참조). 우리나라 가계 부채는 2000년 이후 지속적으로 증가

그림 4.1 연도별 가계 부채 증감 추이 (단위: GDP 대비 %, %p)

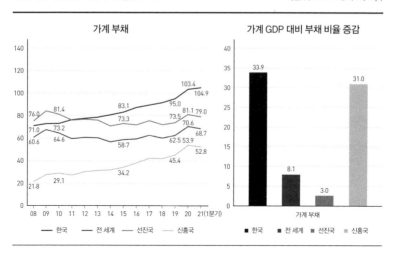

출처: 박윤진, 이기돈(2021).

하고 있으며, 2008년 금융 위기 이후 71.0퍼센트에서 2021년 1분기 104.9퍼센트로 33.9퍼센트포인트 급증했다. 이런 추세는 은행이 기업 대출보다 더 많이 제공하는 가계 대출, 저금리 기조, 부동산 가격 상승에 기인한 것으로 보인다.

금융 위기 이후 선진국의 가계 부채 비율은 2008년 76.0퍼센트에서 2021년 1분기 79.0퍼센트로 소폭 증가했으며, 신흥국의 경우 2008년 21.8퍼센트에서 2021년 1분기 52.8퍼센트로 지속적 증가 추세를 나타냈다.

한국의 가계 부채 비율은 선진국에 비해 높으므로, 부동산 가격 하락으로 인한 금융 부문의 체계적 리스크에 주의해 관리할 필요가 있다.

정부 부채

한국의 정부 부채는 2021년 1분기 GDP 대비 45.7퍼센트로 전 세계(103.8퍼센트), 선진국(128.6퍼센트), 신흥국(65.2퍼센트)에 비해 상대적으로 낮다(그림 4.2 참조). 우리나라 정부 부채는 2008년 22.9퍼센트에서 2021년 1분기 45.7퍼센트로 22.8퍼센트포인트 증가했고, 이는 금융위기 이후 경기 부양 및 복지 수요 충당을 위한 정부 재정 지출 증가와 코로나19 극복을 위한 재정 지출로 인한 것으로 보인다.

2008년 이후 전 세계·선진국·신흥국·한국의 정부 부채가 모두 상승세임을 확인할 수 있다. 정부 부채 증가 폭은 신흥국 대비 선진국이 크게 나타났으며, 한국은 정부 부채 증가 폭이 가장 작았다. 2020년 모든 국가의 정부 부채는 코로나19 극복을 위한 정부 재정 지출 확

그림 4.2 연도별 정부 부채 증감 추이   (단위: GDP 대비 %, %p)

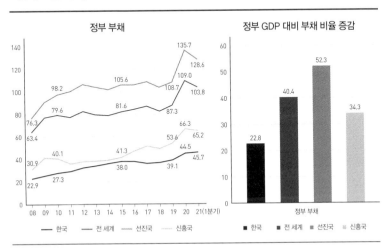

출처: 박윤진, 이기돈(2021).

대에 따라 급격히 증가했다가, 2021년 1분기에는 소폭 감소했다. 다만 우리나라의 경우 2020년 정부 부채 증가가 상대적으로 낮았고, 2021년 1분기에도 증가세를 소폭으로 유지했다.

기업 부채

한국의 기업 부채는 2021년 1분기 GDP 대비 111.2퍼센트로 전 세계 (107.3퍼센트)·선진국(100.9퍼센트)에 비해 높고, 신흥국(117.3퍼센트)에 비해 다소 낮다(그림 4.3 참조). 우리나라의 기업 부채는 IMF 경제 위기 직후이던 1998년 GDP 대비 108.5퍼센트에서 2005년 GDP 대비 73.2퍼센트로 하락했지만, 이후 반등해 지속적으로 상승하는 추세였다.

선진국의 기업 부채는 금융 위기 이후 조정을 거쳐 2008년 86.4퍼

그림 4.3   연도별 기업 부채 증감 추이   (단위: GDP 대비 %, %p)

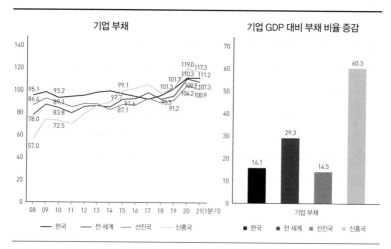

출처: 박윤진, 이기돈(2021).

센트에서 2021년 1분기 100.9퍼센트로 소폭 상승에 그친 반면, 신흥
국의 경우 2008년 57.0퍼센트에서 2021년 1분기 117.3퍼센트로 빠르
게 증가했다. 한국의 경우 증가 폭은 16.1퍼센트포인트로 크지 않은
편이지만, 기업 부채 수준이 높아 기업의 부채 상환 능력(예: 부채 비율,
이자 보상 비율)을 주시할 필요가 있다.

정부 부채 규모와 이자 비용

정부 부채 규모와 이자 비용 추이를 보면, 한국의 경우 정부 부채가
2008년 GDP 대비 22.9퍼센트에서 2020년 44.5퍼센트로 크게 증가했
지만, 이자 비용은 2008년 GDP 대비 2.3퍼센트에서 2020년 1.2퍼센

그림 4.4　연도별 유로존 외 주요국 정부 부채 규모 및 이자 비용 추이　　(단위: GDP 대비 %)

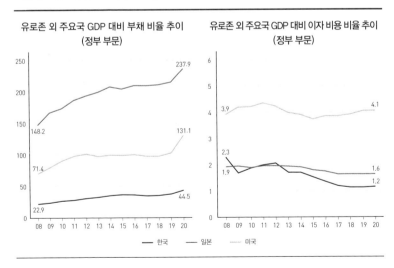

출처: 박윤진, 이기돈(2021).

그림 4.5 연도별 유로존 주요국 정부 부채 규모 및 이자 비용 추이   (단위: GDP 대비 %)

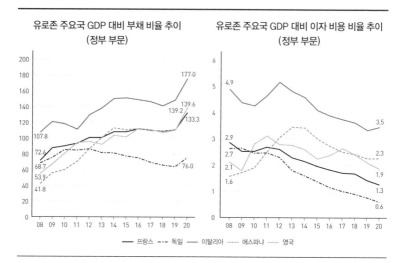

출처: 박윤진, 이기돈(2021).

트로 크게 감소했다(그림 4.4 참조). 유로존의 경우 독일을 제외하고 국가 대부분이 금융 위기 이후 정부 부채가 상당히 증가했으나, 이자 비용은 2013년 이후 감소하는 추세를 유지하고 있다(그림 4.5 참조).

그러나 최근 세계 주요국 중앙은행들의 기준 금리 상향 조정과 이에 따른 국채 발행 금리 상승으로, 향후 각국에서 국채로 인한 이자 비용이 크게 상승할 것으로 전망한다.

총부채 수준에 대한 평가

금융 위기이던 2008년부터 2021년 1분기까지 총부채 추이 변화를 종합하면, 한국의 총부채 증가(72.8퍼센트포인트)는 선진국(69.8퍼센트포인트)

및 신흥국(125.6퍼센트포인트) 대비 높은 편은 아니지만, 가계 부채의 증가 폭(33.9퍼센트포인트)과 규모(104.9퍼센트)가 커 주의가 필요하다(그림 4.1 참조). 특히 우리나라 가계 부채는 주택 담보 대출뿐만 아니라 기타 대출의 비중과 규모도 해외 주요국보다 큰 데 주목해야 한다. 대출 규제를 통한 가계 부채 증가 속도 조절과 함께 정부의 정책적 지원(예: 교육비, 생활비, 운영 자금)과 같은 적극적 대응 방안도 검토할 필요가 있다.

저금리 상황에서 크게 증가한 부채는 추후 이자 비용이 금리 인상에 따라 급격히 증가하는 경우, 경제 전체에 부담이 될 우려가 있으므로 주의해야 한다. 정부 부채의 경우 고정 금리가 대부분이고 평균 만기가 2020년 국가 채무 기준 10.4년으로, 금리 인상의 충격이 연도별로 분산해 이자 비용 증가 폭이 크지 않다. 그러나 가계 부채의 경우 변동 금리 비중이 2011년 90.7퍼센트, 2020년 69.4퍼센트로 여전히 높은 편이기 때문에 금리 인상의 충격이 클 수 있다.

재정 정책의 트릴레마와 재정 준칙

이 글을 쓰는 시점에 윤석열 정부와 여당은 재정 준칙 도입을 진행하고 있다. 재정 건전성을 체계적으로 관리하기 위해 재정 지출 및 수지·국가 채무에 제약을 부과하는 재정 준칙 도입이 필요하고, 실효성을 위해 법적 근거를 두겠다고 한다. 저출생·고령화 사회에서 재정 수지 증가와 국가 채무 누적을 예상하므로, 재정 건전성 유지를 위해 종합적 정책 수립 및 시행이 필요하다는 것이다. 기후 변화·글로벌 공급망 위기·인플레이션·양극화 등 위기가 중첩한 경제 및 사회 여건에서, 최후의 보루인 정부의 재정 지출을 근본적으로 제약하는 규범을 도입하는 것이 현실에 적합한지 의문이다.

전임 문재인 정부가 확장 재정을 통해 국가 부채를 늘렸으므로 재정 정책 기조 전환이 필요하다는 것인데, 당시의 재정 정책은 코로나 19로 인한 경제 위기라는 예외적 국면에 있었다. 코로나 위기에 적극적으로 대응해야 했던 시기에 주요 국가들과 비교했을 때, 문재인 정부의 재정 확장은 신중한 수준이었다는 것은 명백하다. 코로나 정점기인 2020년 OECD 35개국의 국가 채무가 GDP 대비 평균 26.0퍼센트포인트 증가한 데 비해 한국은 7.6퍼센트포인트에 그쳤다.

주요국의 재정 준칙 운영 성과에 대한 평가

1990년 5개국에 불과하던 재정 준칙 도입 국가가 2012년 76개국에 이를 정도로 빠르게 증가했으나, 이들의 재정 준칙은 형태 및 내용이 다양하고 법제화 수준도 상이했다. 2008년 금융 위기 이후 이를 극복하기 위한 대규모 재정 지출의 필요성이 대두했고, 이는 위기 이전 재정 준칙을 통해 재정 건전성을 추구하던 국가들에게 어려움을 야기했다. 엄격한 준칙 적용이 경기 부양을 위한 적극적 재정 운용의 필요성 앞에 한계를 노출한 것이다. 결과적으로 2008년 경제 위기 이후 더 이상 재정 준칙의 엄격한 준수를 요구하지 않고, 유연성과 강제성의 조화가 필요한 상황이 되었다. 준칙 내용과 준칙 이탈 후 복귀 방법에 대한 요구가 다양해지면서, 준칙을 성공적으로 운용하기 위해서는 여야 정치계와 전문 관료들 간의 소통 및 협력이 중요하다는 점도 인식했다.

이미 재정 준칙을 도입한 유럽 국가들의 경우에도 코로나19 위기로 인해 이를 완화하거나 효력을 정지시켰다. EU는 재정 준칙인 안정·성장협약(Stability and Growth Pact, SGP)을 도입해 엄격히 시행해왔으나 코로나 이후 일시 중단했다. 일부 유로존 국가의 경우 글로벌 경제 위기에 엄격한 재정 준칙을 강요하는 상황에서, 경제의 근본 역량이 훼손된 것으로 나타났기 때문이다.

재정 준칙은 국가적 위기의 재정 및 경기 대응에 유효한가

정부 역할의 적극성과 유연성이 필요한 상황에서 국가 부채 수준 제한은 정부 투자를 통한 경제 위기 극복을 어렵게 만들어, 민간 경제에 부담을 가중하고 국가 경제의 장기적 성장 가능성을 사장하는 결과를 초래한다. 경기 침체기에 재정 지출 확대 및 적극적 재정 정책의 효과가 더 크다는 국제기구들의 최근 연구 결과를 고려해야 한다.

저금리 및 저물가 기조에서 국가 채무와 재정 적자는 경제 위기 대응 방안이 될 수 있으며, 기존의 재정 균형론에서 이를 간과한 것은 명백한 한계임을 지적할 수밖에 없다. 경제 위기에 정부 지출 확대를 통한 고용 보험과 같은 '자동 안정화 장치'는 경기 변동의 충격을 완화하는 역할을 한다. 또한 위기 회복 과정에서 지출이 줄고 세수가 늘어나 재정 적자가 감소하는데, 그 속도는 경제 회복 속도에 따라 결정된다. 불확실성이 높은 현시점에 재정 준칙을 논의하는 것은 경기가 좋지 않을 때 오히려 자금을 덜 쓰는, 잘못된 경기 대응을 유도할 가능성이 높다.

재정 준칙은 지출 확대나 성장 정책에 유효한가

재정 준칙 도입은 복지 지출 증가를 억제하는 수단이 될 가능성이 크다. 복지를 현 수준으로 동결하는 것은 한국 사회가 직면한 저성장 및 양극화 해결에 부정적 결과를 초래할 것이다. 주요 선진국의 경우 1990년대 이후 복지 제도를 확충한 상태에서 과도한 복지 지출을 막기 위해 재정 준칙을 도입했으며, 이는 복지를 더 보충해야 하는 한국과 다른 상황임을 감안해야 한다.

더불어 중장기 재정 안정을 위해 재정 준칙에서 더 나아가 성장동력을 마련하는 재정 지출도 필요하다. 4차 산업혁명에 따르는 디지털 기술 변화는 대규모 정부 투자를 요한다. 고령 인구의 사회적 교육 및 일자리 재교육도 시급하다.

재정 준칙과 에너지 전환

정부는 탄소중립위원회 심의를 통해 2050년까지 탄소 순 배출량을 0으로 줄이기로 했다. 또 2030년까지는 2018년 총배출량 대비 40퍼센트를 감축한다는 목표를 설정했다. 이를 이루려면 우리는 그때까지 매년 평균 감축률 4.17퍼센트를 유지해야 한다.

탄소 배출량 감축과 이를 위한 에너지 전환은 거대한 국가 프로젝트다. 철강·석유화학·전자 등 전력 다소비 업종의 기업들은 탄소 배출량 감축을 위해 기존 설비를 대체하는 대규모 투자를 해야 한다. 여기에 병행해 재생 에너지 분야에 대한 공공 기반 투자가 필요하다. 여러 해에 걸쳐 대규모 재원을 동원해야 하며 코로나19 이후 재정 정책의 큰 과제가 될 것이다. 한 세대만 부담을 질 일이 아니며 그 혜택도 누대에 미칠 것이다.

에너지 전환과 같은 큰 국가 프로젝트를 앞두고, 과연 우리에게 재정 준칙 제도가 유용한지 진지하게 검토할 필요가 있다. 기재부의 입장은 중규모 이상의 증세는 정치적으로 실현하기 어려우니, 재정 준칙 법제화로 재정 지출 확대에 확실히 제동을 걸자는 것으로 읽힌다. 정치적 의사 결정이 선행해야 하는 사안에 대해 실무 부서인 기재부가 미리 선을 긋는 것은 적절치 않다. 재정 준칙은 미래 정부 정책에 대한 민주적 의사 결정을 현저히 제약하는 내용을 담고 있다.

트릴레마의 극복

현재는 정부의 적극적이고 유연한 역할이 필요한 상황이다. 국가 부채 수준 제한은 정부 투자를 통한 경제 성장 가능성을 원천적으로 막아, 경제 위기 대응을 위한 재정 운용을 제약하고, 국회에서 정파 간 정쟁의 불씨만 제공할 것이다.

부족한 복지 제도를 보완하고 신성장동력에 투자하려면 코로나 경제 위기 이후에도 정부의 재정 지출을 확장할 필요가 있다. 정부 투자는 에너지 전환, 디지털 전환, 인적 자원 개발을 위해 필요하다. 정부 지출 확대는 증세와 국가 부채 확대 없이는 불가능하기에, 이를 재정 정책의 트릴레마(trilemma)라고 부른다. 복지 제도 보완을 위한 재원은 증세로, 신성장동력을 위한 정부 투자의 재원은 국가 부채로 조달함으로써 이런 트릴레마를 극복해야 한다.

경제 위기에서 세계의 일반적 정부들은 저소득 및 중소득 계층에게 혜택이 돌아가는 감세를 선택하는데, 윤석열 정부의 기재부는 2022년 세법 개정에서 소득 최상위 계층에게만 유리한 감세를 선택했다. 소득 상위 계층의 계좌에 소비로도 투자로도 사용하지 않은 채 고여 있는 자금을 늘려주는 것은 국민 경제에 도움이 되지 않는다. 다만 재정 건전성을 해칠 뿐이다. 부자 감세를 하면서 재정 건전성을 말하는 것은 그야말로 난센스다.

공공요금 정책

에너지 분야 공공요금 현실화가 큰 정책 과제로 닥쳤다. 물가에 미치는 영향을 고려하지 않을 수 없다. 현실화를 유보하자니 에너지 공기업의 적자가 심각하다. 가스공사는 적자를 미수금으로 가리고 있다. 한국전력공사(한전)은 자사 채권을 발행해 적자를 시장에서 해결하고 있는데, 발행 규모가 크다 보니 민간 기업들의 자금 조달이 어렵다.

공공요금은 공공 서비스의 대가로 지불하는 금액이다. 공공 서비스는 국민 생활에 영향을 미치는 중요한 정부 활동이기에 재정학의 중요한 연구 주제에 속한다. 공공요금 징수도 세금 징수와 마찬가지로 공공성의 관점에서 분석해야 한다.

공공요금 책정의 원칙과 현실적 대안

정부 활동의 부담은 여러 소득 계층의 국민들에게 다양한 방식으로 분산한다. 세금의 경우 직접세는 납세자가 부담하나 이 부담이 일부 다른 이들에게 전가되기도 한다. 간접세의 경우 납세자와 담세자가 다르며, 재화의 최종 소비자가 주로 부담한다. 통상 직접세는 소득에 누진적인 반면 간접세는 역진적이다. 어떤 나라의 세수 구조에서 간접세 비중이 크면 조세 제도 전체를 놓고 볼 때 역진성이 두드러지므로, 공정성 면에서 열등하다고 여긴다.

재정 정책과 함께 대표적 경제 정책 수단인 통화 정책은 중앙은행의 발권력을 통해 직접적인 정부 재정 지출 활동을 가능하게도 하지만, 주로 통화의 완급을 조절해 경기 흐름을 조정한다. 경제 활성화를 위해 완화적 통화 정책을 운용하는 경우 이 과정에서 일자리가 늘어나 소득 취약 계층에 도움을 준다. 그러나 자산 가격 상승을 통해 양극화를 야기함으로써 결과적으로 공정성에 부정적 영향을 미치기도 한다. 공공요금을 부과하는 공공 서비스의 경우 사용량에 비례하는 가격을 책정하기 때문에 일견 계층 간 부담 배분의 공정성 이슈에서 자유로운 것 같다. 그러나 전기나 가스 등 공공요금을 올리면 소득 취약 계층이 가장 큰 어려움을 겪게 된다.

에너지 관련 요금 수준의 설정은 소비자의 행위를 결정짓는다. 우리나라의 경우 발전 및 난방에 필요한 에너지 자원을 수입에 의존하기도 하지만, 인류를 위협하는 중차대한 온난화 위기에 대응하기 위해서도 절약은 피할 수 없는 선택이다.

세계적으로 볼 때 한국의 전기 요금은 낮은 수준이다. OECD 자료에 따르면 2021년 기준 주거용의 경우 OECD 국가 평균의 60퍼센트, 산업용은 89퍼센트 수준에 머물렀다. 이런 차이는 산업용 전기에 부과하는 세금을 우리나라는 면제 혹은 공제하는데 비해 외국은 우리보다 높기 때문일 것이다. 환경 문제에 민감한 유럽 3국 영국·프랑스·독일과 비교하면 격차가 확연하다. 이들 나라의 전기 요금은 주거용의 경우 우리의 2.1~3.5배, 산업용의 경우 1.4~2.0배에 이른다.

한전과 가스공사의 심각한 적자를 생각해보면 전기 및 가스 요금 현실화는 정당성이 있다. 한전의 전력 판매 단가는 발전 자회사에 지불하는 구매 단가를 밑돈다. 화석 연료를 사용해 전력을 생산하는 우리나라의 경우 발전 원가뿐만 아니라 환경 오염의 기회비용도 감안해야 한다.

전력 및 가스 요금 인상은 물가에 영향을 미치고 기업의 생산 비용 상승을 야기하나, 요금을 인상하지 않는 경우도 경제에 부정적 영향이 있는 것은 마찬가지다. 한전은 막대한 규모의 채권을 추가로 발행해야 하며, 이는 회사채 시장의 이자율을 끌어올려 자금을 조달하려는 기업들을 어렵게 할 것이다. 이를 정부가 재정으로 보전한다면 2023년의 세수 여건으로 볼 때 국채 발행으로 이어질 것이다. 회사채 시장에 미치는 영향 측면에서 볼 때 한전채 발행보다 나을 것도 없다.

따라서 발전 및 송전에 드는 원가를 적절히 반영해 전기 요금 수준을 결정해야 한다. 또한 가스 요금에도 같은 원칙을 적용함으로써 국민들의 에너지 소비가 생산 비용을 반영하도록 조정해야 한다. 이렇게 하면 에너지 공기업의 적자 문제는 시간이 지나며 차차 나아질 것이다. 전기 소비가 줄면 유류·석탄·가스 수입 감소로 이어져 무역 적자도 줄일 수 있다. 국민들의 저항은 설득으로 풀어나가야 한다. 정작 중요한 것은 서민들의 생계비 문제다. 에너지 요금이 오르면 소득에서 연료비가 차지하는 비중이 큰 소득 하위 계층의 경우 난방비 부담으로 혹독한 겨울을 보내게 된다.

　정부는 정책 결정 과정에서 국민 중 비중이 적은 계층에게도 현실적으로 선택 가능한 대안을 제시해야 한다. 소득 취약 계층의 에너지 요금은 생활을 유지하면서 지불할 수 있는 수준으로 설정해야 한다. 그렇지 않다면 선택 가능한 대안이 아니다. 정부는 소득 취약 계층이 전기 요금이나 가스비 인상으로 인해 겨울에 난방하느라 굶주리는 것 (heat or eat)을 택해서는 안 된다. 비슷한 예로 문재인 정부에서 경유 가격 인상이 경제적으로 필요하다는 사실을 인지하면서도 다른 정책 대안을 모색한 경우가 있다. 화물차를 보유한 운송업 종사자들에게 경유가 인상은 큰 비용 상승 요인이었는데, 이를 화물 운송 서비스의 소비자들에게 전가하기가 어려웠기 때문이다.

우리에게 적합한 공공요금 책정

2022년 겨울 우크라이나 전쟁 여파로 러시아로부터 가스 수입이 중단되면서, 독일은 가스 및 전기 요금 급등으로 국민들이 어려움을 겪지 않도록 '80퍼센트 원칙'을 도입했다. 각 가계가 전년 대비 80퍼센트까지 사용하는 한도 내에서 가스와 전기 요금을 전년도 단위당 가격의 1.5배로 고정하고, 그 이상의 사용량에 대해서는 4~5배 높은 시장 가격을 그대로 부과한 것이다. 80퍼센트까지 사용량에 대한 시장 가격과 징수 요금의 차액은 정부가 에너지 기업에게 지원했다. 에너지 절약에 확실한 인센티브를 제공하면서 국민들의 고통을 정부 재정으로 보듬는 방식이었다.

우리가 이 방식을 활용한다면 80퍼센트를 60퍼센트 수준으로 낮출 필요가 있다. 독일의 경우 우리보다 2배 이상 높은 전기 요금에 이미 적응해 있었다. 우리 앞에 놓인 에너지 절약의 길은 더 길고 멀다. 다만 소득 취약 계층, 예를 들어 소득 하위 50퍼센트 계층에 대해서는 지난해 에너지 단위 가격의 1.5배가 아니라 같은 가격을 적용하는 방식이 바람직할 것이다.

재정과 민영화

기재부가 향후 5년간 16조 원이 넘는 규모의 국유 재산을 민간에 매각하겠다고 한다. 정부가 사용하지 않는 땅을 계속 소유하기보다 민간에 파는 것이 더 생산적이며, 재정에도 도움이 된다는 것이다. 〈나라재정〉 2022년 7월 호에 따르면 우리나라 국유 재산은 총 1337조 원이다. 토지와 건물의 가치는 2021년 말 결산 기준 701조 원이며, 이 중 행정 재산을 제외한 일반 재산은 41조 원 정도인데, 활용할 계획이 없는 일반 재산을 정부가 적극적으로 매각하겠다는 것이다. 또한 행정 재산도 사용하지 않는 경우를 발굴해 매각을 추진하겠다고 한다.

우선 지적해야 하는 심각한 문제점은 국유 재산의 실제 내용을 시민도 정치권도 잘 모른다는 점이다. 오직 기재부 공무원들만 알 뿐이다. 기재부가 국유 재산의 실질적 활용과 가치에 대한 정보를 독점하고 있어 정책 견제가 사실상 불가능하다. 적절한 정보를 제공했더라면 정치권이나 시민 사회에서 국유 재산의 매각을 통한 재원 마련이 필요한 시점에 정책 대안으로 제시할 수도 있었을 것이다.

국유 재산의 관리와 매각은 자산관리공사가 담당하며, 국유 재산을 포함해 모든 재정에 대한 정보는 재정정보원이 관장한다. 특히 재정정보원은 기재부가 국민을 위한 재정 정보 통합 및 제공의 중요성을 적극적으로 주장해 만든 기관이다. 그러나 현실에서는 주로 기재부 국장이나 실장들이 퇴직 후 자리 잡는 곳들이 되었고, 국민의 알 권리라는 명분은 뒷전이고 형식적 수치만 제공할 뿐이다.

기재부는 왜 현시점이 국유 재산 매각에 적절한지 설명하지 못하고 있다. 부동산 시장은 대체로 하락기 초입에 있다는 것이 전반적 평가다. 그렇다면 국유 재산 매각을 통한 정부의 수입은 부동산 시장 상황이 좋을 때와 비교해 현저히 줄어들 우려가 있다.

보다 근본적인 우려는 국유 재산 매각에 대한 이번 제안이, 향후 더 중요한 국가 기간 자산을 민영화하기 위해 분위기를 조성하는 것이 아닐까 하는 것이다. 이를 야당에서 언급하자 기재부 장관은 황급히 부인했다. 그러나 윤석열 정부가 들어선 후 여러 영역에서 민영화를 중요한 정책 대안으로 고려하고 있는 것으로 보인다. 잊을 만하면 민영화 얘기가 나온다. 민영화를 일상적 정책 대안으로 만들기 위한 노력처럼 읽힌다.

민영화의 부작용

철도·공항·에너지 산업 민영화는 큰 부작용과 경제적 피해가 염려스러운 작업이다. 이런 산업은 국가의 가장 중요한 인프라다. 민영화가 이뤄진다면 투자자에게는 황금알을 낳는 거위가 되어 장기간 높은 수익률을 보장하겠지만, 특권층이 중요한 국가 서비스의 가격을 수익 창출 수단으로 남용하면서 국민의 부담은 크게 증가한다.

민영화는 영국 등지에서 수십 년간의 실험을 거쳤는데 결국 실패로 끝난 것으로 평가받는다. 영국과 같은 나라가 어떤 배경에서 민영화를 추진했는지, 그 결과는 어떤지, 우리의 여건과 비교할 때 시사점은 무엇인지 고찰할 필요가 있다. 영국에서는 1970년대 실업과 물가 상승 등으로 경제적 어려움이 가중하는 가운데, 공기업의 고비용·저생산성·자원 배분의 비효율성 문제를 해결하기 위해 민영화를 시도했다. 대표적인 경우가 철도 민영화였다. 영국은 공모·직접 매각 등으로 민영화 과정을 비교적 잘 관리했고, 이후 시민들에 대한 민영화 기업의 주식 배당도 확대했다. 이런 긍정적 측면이 존재함에도 불구하고 제일 중요한 부분, 즉 시민들에게 제공하는 서비스의 질과 가격에서는 큰 실패라는 평가를 받았다. 철도 서비스는 더 이상 안전하지 않았고 정시성 등 서비스의 질도 악화했으며 요금은 올랐다. 이후 영국 정부는 철도를 공공 소유로 돌리라는 시민들의 거센 요구를 상당 부분 수용할 수밖에 없었다.

영국의 민영화 시기와 비교할 때, 우리나라 인천공항이나 철도 회사들과 같은 공기업을 비효율적 고비용 구조로 운영한다고 볼 근거는 많지 않다. 한전의 적자가 크다고 하나 대부분은 원가에 대비해 낮게 설정한 전기 요금 때문이며, 이는 시민과 기업의 부담을 낮추려는 정부 정책에 기인한 것이다. 정부가 재정 지원으로 해결해야 할 사안이지 민영화로 해결할 사안이 아니다.

민영화 과정의 투명성 문제

공기업 민영화 과정은 공정하게 관리하기 어렵기도 하다. 결정권을 쥔 정치인이나 관료들이 대기업이나 해외 자본, 즉 로비스트들을 앞세우는 해외 펀드의 이권 추구에서 자유롭기 어렵다. 우리는 이전 정부들이 민자로 사회 간접 자본(Social Overhead Capital, SOC) 사업을 시행하면서, 투자자들에게 부당하게 높은 수익률로 개런티를 제공해 국고를 낭비한 사례를 기억하고 있다. 여기 참여한 해외 펀드에 검은 머리 외국인들이 관여했다는 풍문이 무성했다.

재정의 지속 가능성

장기적 시계의 재정 건전성

사회보장위원회 사무국 재정·통계전문위원회(2016. 12. 27.)는 장기 재정 전망에서 2018년 GDP 대비 6.9퍼센트이던 사회 보험 재정이 2060년 23.8퍼센트로 크게 증가할 것으로 예측했다(그림 4.6 참조). 사회 보험

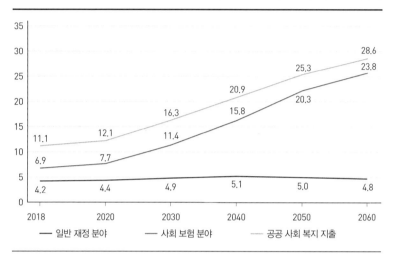

그림 4.6   공공 사회 복지 지출의 GDP 대비 비중 추이(2018~2060년)   (단위: GDP 대비 %)

출처: 사회보장위원회 사무국 재정·통계전문위원회(2016. 12. 27.), p. 13.

재정에서 중장기적으로 가장 취약한 영역은 건강 보험[1](장기 요양 보험 포함)이고, 국민연금 재정도 지속 가능성에 문제가 있다. 따라서 건강 보험 재정에 대한 효율적 비용 관리 정책이 필요하며, 국민연금 중심 인 노후 소득 보장 체계의 틀도 근본적으로 변해야 한다. 세금과 유사 한 성격인 건강 보험 기여금 체계는 가능하면 넓은 세원으로 확대해, 보험료율이 지나치게 오르지 않도록 관리할 필요가 있다. 한편 보건 분야 지출이 GDP에서 차지하는 비중이 증가하는 것은 이 분야에서 고용을 수반하는 큰 산업 섹터가 등장한다는 의미다.

사회 보험 재정과 달리 일반 재정에서는 복지 지출 증가로 인한 재 정의 지속 가능성 문제가 존재하지 않는다(김유찬, 오종현, 2019. 7. 8., p. 57). 일반 재정에서의 복지 지출은 2018년 GDP 대비 4.2퍼센트에서 2060년 4.8퍼센트 수준으로 소폭만 증가할 전망이다. 일반 정부 재정의 지속성을 위해서는 이자 지출 관리가 절대적으로 중요하다. 정부 부채에서 금융성 채무를 제외한 적자성 채무는, 전년도 적자성 채무에 이자 지출을 포함한 당해 연도 관리 재정 수지를 합산하는 방식으로 계산한다.

사회 보장성 기금 수지에 포함하지 않는 재량 지출·의무 지출·이자 지출의 GDP 증가율 대비 빠른 증가는 GDP 대비 적자성 채무 규모를 늘린다. 그런데 이자 지출 외 의무 지출의 GDP 대비 비중은 장기적으로 크게 증가하지 않는다. 이자 지출 비중을 제외하고 다른 의무 지출 비중이 증가하지 않는다는 것은 결국 재정 확대 과정에서 재원 확보 시기와 지출 확대 시기의 시간차가 길게 보면 재정 지속성에 큰 차이를 만든다는 것이다. 즉 이자 지출 관리의 핵심은 지출 확대 초기에 재원 확보(증세)를 병행하려는 노력이다. 이를 전제하면 경기와 구조 조정에 대응하는 적극적 재정 정책 실행이 한결 자유로워진다(김유찬, 오종현, 2019. 7. 8., p. 59).

국채는 정부 지출의 재원 조달 수단인 동시에, 인구 고령화 등으로 인한 전체 경제의 구조적 과잉 저축을 해소할 수 있는 정책 수단으로서도 중요하다. 국채는 정부 부채인 동시에 민간 자산이며, 금융 시장에서 안전 자산 역할을 한다. 경제의 불확실성이 클 때 안전 자산 공급은 반드시 필요하다.

국채가 늘어나면 미래 세대의 부담을 늘리지만, 이는 외국으로부터 외화 표시 부채를 얻는 것이 아니기 때문에 국내에서 해결할 수 있는 문제다. 미래 세대는 자산과 부채를 동시에 물려받으므로, 국채 증가는 이들에게 채권인 동시에 채무가 된다. 즉 미래 세대가 이미 사망한 과거 세대에게 빚을 갚는 것이 아니다. 미래 세대는 국채 상환을 위해 세금을 부담하기도 하지만 국채를 상속받아 이자 소득을 얻기도 한다. 다시 말해 국채를 물려받은 후손들은 스스로 낸 세금으로 국채에 대한 이자를 받으며, 납세자의 소득을 국채 보유자에게 이전할 때 두 사람이 동일인인 경우 문제가 없다. 동일인이 아닌 경우에는 조세 및 재분배 수단으로 문제를 교정할 수 있다.

미래 세대에게 어떤 재정과 사회를 물려줄 것인가

결국 중요한 것은 미래 세대를 위해 어떤 선택을 하는지다. 현재에 살고 있는 사람들의 생활을 풍요롭게 하거나, 어려운 이들을 빈곤에서 벗어나게 하는 정부 지출은 지금 세대 간의 문제이므로 세금을 통해 조달하는 것이 바람직하다. 그러나 미래 세대가 살 자연환경을 해치지 않기 위해, 예를 들어 화석 에너지를 재생 에너지 체계로 전환하기 위해 지금 당장 대규모의 정부 재정 지출이 필요하다면, 그리고 여기서 큰 폭의 재정 적자가 발생하고 국가 부채가 늘어나 재정 지속성 지표에 부정적으로 작용한다면, 과연 무엇이 바람직한 선택일까? 미래 세대에 건전한 재정을 물려줄 것인가? 혹은 건전한 자연환경을 물려줄 것인가?

이런 선택은 비단 환경과 에너지 전환에 국한하는 문제가 아니다. 인적 자원에 대한 공공 투자는 대규모 재정 지출이 필요하지 않겠지만 미래 세대를 위해 해야 하는 중요한 일에 속한다. 우리나라가 수도권 집중에서 벗어나 지방에서도 사람답게 살 수 있는 일자리와 문화적 여건을 갖추도록 투자하는 것도 미래 세대를 위한 재정 투자다.

건전한 자연환경을 물려주기 위한 국가의 선도적 재생 에너지 분야 투자가 후속 민간 투자의 수익성을 높여 경제 성장을 견인하고, 여기서 발생하는 조세 수입이 정부 투자에서 발생한 재정 적자와 국가 부채를 일정 부분 상환하는 효과를 고려하면, 선택은 환경에 대한 정부 투자 쪽으로 더 기운다. 둘 중 하나만 가능하다면 건전한 재정을 물려줄 것인가, 아니면 건전한 사회·환경·인적 자원을 물려줄 것인가?

05

재정 운영의 거버넌스

예산 및 세금 결정에 대한 권능이 어떤 기관에 있는지, 어떤 법과 과정에 따라 이런 결정을 하는지를 비판적 시각으로 들여다보는 일은 의미가 있다. 중요한 행위자인 정부·국회·기재부의 역할 분담에는 부적절해 보이는 점이 존재한다.

예산 편성과 재정 거버넌스

예산 편성의 책임과 민주주의 정치 질서

어느 나라에서나 예산을 편성하는 권한은 막강한 것이다. 영국·독일·일본을 비롯한 의원 내각제 국가에서 예산 편성 권한이 있는 재무부

수장은 수상 버금가는 권력을 가진다. 다른 부서의 사업 예산에 반대할 수 있기 때문이다. 그런데 의원 내각제에서는 집권당 의원이 재무부를 포함한 부서의 장이 되므로, 부서 간 예산 배분은 전적으로 정치적 의사 결정을 통해 이뤄진다. 부서 관료들은 장관에게 의견을 제시하는 데 그친다. 예산을 통해 유발한 경제적·사회적 효과에 대한 책임은 결국 선거 과정에서 집권당이 감당하기 때문이다.

대통령제인 미국의 경우 백악관과 의회 모두에 예산 편성 전문 관료 조직이 있어, 백악관과 의회의 정치가들에게 의견을 제시한다. 조율한 의견을 바탕으로 행정부가 예산을 제안하면 의회에서 이를 심의해 결정하므로, 최종 예산 배분은 결국 정치적 의사 결정이다.

그런데 우리의 경우 예산 전담 부서인 기재부 장관을 대체로 기재부 출신 관료에게 맡긴다. 관료들이 예산 배분 과정에서 의견을 제시하는 역할에 그치지 않고, 정치권의 의사 결정을 상당히 제약한다. 선거 과정에서 중립을 지켜야 하는 기재부는 예산의 경제적·사회적 영향에 대한 책임을 감당할 수 없다. 그러므로 예산 배분 과정에서 기재부의 권한이 큰 것은 민주주의 정치 질서와 배치하는 제도적 요소다.

예산 편성의 책임과 권능

예산 편성의 책임과 권능은 정치권과 관료에게 적절히 배분해야 한다. 예산 관료들은 직업인으로서 업무 경험이 풍부하고 모든 예산 관련 정보를 관장한다. 정치가들은 주권자인 국민들이 선출했으므로 이들의 의지를 대변해야 한다. 예산 편성에서 주권자의 의지가 중요한 것은 예산 배분의 방향을 결정할 때, 경제학을 비롯해 어떤 정책 학문도 직접 적용할 수 있는 지침을 줄 수 없다는 점 때문이다. 경제 성장을 위해 산업 지원이나 R&D에 더 많이 투자하는 것이 나은지 아니면 복지를 위해 보건과 교육에 더 많이 투자하는 것이 나은지에 대해, 경제학이나 다른 정책 학문이 판단의 준거를 제공할 수는 있다. 그러나 개별 사안에 대해 학문적으로 엄밀한 판단이 불가능하기 때문에, 이해관계·성향·개성이 다양한 주권자들이 민주주의적 의사 결정 과정을 통해 의견을 집약해 예산의 큰 방향을 결정하게 된다. 이는 지금까지 우리가 사는 세상에서 합의한, 가장 중요한 규칙 중 하나다. 주권자의 의지가 중요하기 때문에 통화 정책 결정 기구인 금융통화위원회 같은 재정위원회를 만들어 해결할 문제가 아니다.

우리나라는 예산 관료들이 정치권의 예산 관련 결정에 제동을 걸 수 있는 상황이다. 기재부 외의 부서 및 지방자치단체(지자체)에서 사업 예산 확보를 위해 기재부 예산 관료들에게 줄을 서는 것이 현실이다. 국회의원들도 자기 지역구 사업의 예산을 확보하려면 예산 관료들에게 잘 보여야 한다. 기재부는 대통령과의 관계에서도 자신들의 의견을 상당 부분 반영한다. 기재부가 가진 지식과 전문성의 힘이 크게 작용하겠지만, 정보의 비대칭성이 작용할 여지도 많다. 재정 확대가 가능하며 경제 위기에 국가와 소상공인을 비롯한 국민에게 도움이 될 수 있음에도 불구하고, 기재부가 스스로의 이해관계를 우선시해 재정의 어려움을 근거로 정치권의 요구를 거부하는 경우도 있었다.

예산실의 관료가 정치가들의 요구에 반대하는 것 자체는 문제가 아니다. 선거를 앞둔 정치인들의 부당한 요구를 견제하기 위해 반대한다면 오히려 더 바람직한 결과가 나올 수도 있다. 그러나 예산 관료들의 권한이 지나쳐 예산에 대한 정치적 의사 결정을 어렵게 해서는 곤란하다. 예산 관료들의 의견이 그들의 집단적 이해관계를 반영하는 것인지 의문을 제기하고, 정보의 비대칭성 문제를 해결할 전문가 집단이 정치권에 부재하다는 문제도 눈에 띈다.

예산 집행 부서 위에 군림하는 기획재정부

제임스 뷰캐넌(James Buchanan)은 공공선택학파 창립에 기여한 경제학자다. 1950년대 이후 공공선택론은 기존 재정학과 다른, 새로운 패러다임을 구축했다. 정치가와 관료들은 이기적 경제 주체이고, 정부에서 공공 서비스 공급을 담당하는 관료들은 더 많은 권력과 정치적 영향력을 위해 예산 규모를 과대하게 늘린다고 봤다. 관료제로 인해 정부와 예산의 규모가 국민이 선호하는 수준보다 지나치게 확대하는 경향이 있다는 것이다.

정부라는 모호한 개념 뒤에 실제적 이해관계에 노출된 정치가와 관료가 있고, 이들의 행태는 철저히 개인적 이익을 추구한다는 뷰캐넌의 시각은 깊은 통찰을 담고 있다. 그러나 관료들이 사익을 추구하는 성향이 예산 규모를 과대하게 만든다는 논리가 시대와 국경을 뛰어넘어 항상 성립하지는 않을 것이다. 현시점의 대한민국에서도 마찬가지다. 뷰캐넌의 입장은 예산과 관련한 관료들을 하나의 집단으로 본 것이다. 한국에서 예산 관료들의 행동을 제대로 이해하려면 상반하는 두 집단을 구분해야 한다. 예산 집행 부서에 속한 관료와 예산 통제 부서에 속한 관료의 행동은 크게 다를 것이기 때문이다.

예산이 늘어나면 보건복지부나 국토건설부 같은 예산 집행 부서의 관료들이 행사할 수 있는 권한이 커진다. 그러나 기재부와 같은 예산 통제 부서는 권한이 발생하는 원천이 전혀 다르다. 기재부의 권한은 모든 예산 집행 부서(산하 기관과 함께 중앙정부 예산에 의존하는 지방정부들도 포함한다)에 미치는데, 예산에 대한 정치권의 통제력이 약할수록, 그리고 예산이 상대적으로 부족할수록 더 커진다.

예산 관료들의 행태

예산 관료들의 행태에 대한 우려에는 근거가 충분하다. 기재부 관료들은 총리실이나 각종 정부위원회에 파견되는 자리를 확대하고, 은퇴 후 지자체장이 되거나 공기업의 장 및 임원 자리를 독차지한다. 그 힘의 시작에 기재부 예산실이 있다. 그들과 좋은 관계를 유지하면 예산이 넉넉하게 주어지기 때문에 기재부 출신들은 오라는 곳이 많다.

이런 일이 가능한 이유는 예산실 인력 구성의 폐쇄성이다. 해당 업무를 할 능력이 있는 사람들이 외부에는 거의 존재하지 않는다. 검찰의 기소 업무처럼 예산실 공무원의 예산 편성 및 집행 업무에도 대체 투입할 수 있는 인력이 없다.

이 폐쇄성을 견고하게 유지할 수 있는 내부적 힘은 그들의 이해관계 동맹, 바로 전관예우에 있다. 통상 고위 공무원들은 퇴직 후 공기업의 장이 되거나, 법무 법인·금융 기관·대기업 임원 등 민간 영역으로 자리를 옮기는데, 이때 매우 높은 보상을 받는다. 그 이유는 퇴직자들이 현직자들에게 영향력을 행사해, 공공 기관으로부터 특혜를 얻을 수 있기 때문이다. 이 이해관계의 사슬에서 관료들은 거의 아무도 빠져나오려 하지 않는다. 정부나 국가보다 동맹에 충성하는 것이다. 부처의 조직을 바꾸고 소속을 변경해도 그 업무를 할 수 있는 사람들은 같다. 이들은 퇴임 후의 보상을 중심으로 움직이며 근본적으로 행태가 바뀌지 않는다.

이런 폐쇄성을 깨는 것이 중요하다. 외부 인력이 예산 부서 업무에 종사할 수 있도록 문을 활짝 열어야 한다. 이런 개방이 가져오는 단기적 손실과 장기적 이익을 비교해보자. 단기적 손실은 외부에서 새로 들어간 사람들이 기존 조직 내부의 사람들보다 일을 잘 못한다는 것이다. 이들은 그간의 경험이 다르므로 일에 익숙지 못할 것이다. 조직이 외부 출신을 의도적으로 소외시키기도 할 것이다. 한편 장기적 이익은 투명성이다. 관료 선후배들 공동의 이해로 묶인 조직 외부에 다른 세력을 만들어주는 것이다. 노무현 정부 시절에 이를 시도했다. 모든 부처에 개방직 공무원을 만들어 민간의 전문가들에게 임용 기회를 주었다. 이 제도는 이명박 정부에서 크게 후퇴했고 그 뒤 별 변화가 없었다. 이를 다시 대폭 확대해야 한다.

예산에 대한 민주적 통제의 필요성

민주주의 국가에서 예산에 대한 통제력은 국민이 선출한 정치권력이 행사하는 것이다. 예산에 대한 결정권은 대통령과 국회에 있는 것이며, 기재부는 정치권의 효율적 결정을 위해 자료를 준비하는 곳이다.

국토건설부나 보건복지부에서 집행할 예산은 주거나 복지에 얼마를 지출하는 것이 국민을 위해 바람직한지를 감안해 대통령과 의회가 정하는 것이지, 해당 부처 관료들이 '예산 시즌'에 예산실 앞에 줄 서서 기재부 관료들에게 호소할 사안은 아닐 것이다.

기재부는 예산에 대한 정보를 제공하는 데 인색하다. 보도 자료 내용은 가공하고 선별한 것으로, 그들의 관점에서 예산 내용을 검토하도록 강요한다. 이를 통해 예산의 실체를 객관적으로 파악하기는 불가능하다. 이런 기재부의 행태는 명분이 부족함에도 불구하고 정치권과 여론으로부터 예산에 대한 통제력을 지켜내려는 노력으로 보인다. 정보를 주지 않는 방식으로 예산에 대한 상대적 전문성을 유지하고자 하는 것이다.

기재부 관료들의 입장에서는 예산이 부족한 상황이 예산 집행 부서 관료들을 다스리기에 더 유리할 것이다. 이런 관점에서 보면 기재부의 이상스러운 최근 행태를 설명할 수 있다. 기재부가 전통적으로 고수하는 건전재정론은 그 정도가 지나쳐, 지속 가능한 경제 성장에 필요한 사회 인프라 투자조차 어려워진다.

건전한 재정의 필요성을 강조하면 할수록, 세수가 부족하면 부족할수록 예산 집행 부서에 대한 기재부의 장악력은 커지기 마련이다. 그럴수록 성과 평가 등을 통해 예산 집행 부서에 대한 통제를 강화하는 데 대한 정치권과 여론의 시각도 더 우호적으로 기운다. 그렇기에 재정이 부족하다면서도 실제 세수 감소 효과를 감춰가며 무리하게 대규모 감세를 해서, 오히려 재정을 더 어렵게 만들고 있는 것이다. 2022년 세제 개편안에 제시한 법인세·상속세·종부세·주식 양도 차익에 대한 감세는 소득 최상위 계층에게만 유리하고, 경제 위기 돌파에 도움이 될 어떤 가능성도 제공하지 않는다.

군사 정권 시절 독재자들은 경제 발전을 위해 유능한 경제 관료들을 우대하고 권한을 몰아줬다. 이들은 독재자에게 충성하며 서서히 이익을 추구하는 강력한 단체로 성장했다. 민주화 이후 진보 정부가 들어서면서 이들은 예산에 대한 민주적 통제를 가로막는 집단이 되었다. 문재인 정부도 기재부를 통제하는 데 실패했다. 이들의 행태로 인해 예산을 국민 경제 발전에 적절한 규모와 내용으로 편성하기 어려워진다. 예산 관련 조직 개편이 필요하다.

예산 관련 조직 개편의 원칙

예산 관련 조직 개편의 원칙으로 대통령의 책무성 및 공무원의 정치적 중립성 제고, 그리고 이해 상충 문제 해결을 고려할 필요가 있다. 이런 원칙하에 기재부의 예산 부문은 대통령실이 직접 관장하는 것을 대안으로 검토해볼 만하다. '재정예산수석실'을 신설해 예산을 총괄하도록 하자는 것이다.

즉 재정기획비서관실을 발전적 방향으로 해체해 재정예산수석실로 변경하고, 재정예산수석이 예산 기금 편성 및 조정을 관할하는 것이다. 또한 재정예산수석실 밑에 미국 같은 관리예산국(Office of Management and Budget, OMB)을 둬 실무를 맡길 수 있다. 과거 1997년 경제 위기 이후 총리실 산하 예산기획위원회를 신설했지만 예산청은 별도로 만들었다가 실패한 경험을 고려하면, 대통령실 기구로 관리예산국을 만들어 기재부 예산실 기능을 이관하는 것이 바람직하다.

　이렇게 함으로써 대통령실에서 예산을 통한 정책 조정 기능을 실제로 수행할 수 있게 된다. 이 경우에 대통령실이 비대화한다고 비판받을 수도 있는데, 대통령제에서 대통령이 권한도 행사하고 책임도 지는 것이 책무성과 투명성을 강화하는 것이다. 예산 관리는 총리가 있는 의원 내각제 국가의 경우 대부분 총리 직할이고, 대통령제인 미국의 경우 대통령실의 관리예산국이 한다. 따라서 대통령제인 우리나라에서도 대통령실이 예산 관리를 직접하는 것이 정상이라고 할 수 있다. 대안으로 현재 기재부 예산실에서 예산총괄심의관실(예산총괄국)을 떼어내 대통령실 재정예산수석 밑에 두고, 분야별(경제·사회·일반 행정) 예산심의관실은 기재부에 그대로 두거나 분야별 부총리실로 옮기는 것도 있다.

　현재 각 부처별 예산담당관이 있음에도 불구하고 사실상 기재부 예산실이 직접 통제하는 부분이 많아, 예산 편성에서 부처의 자율성을 제한한다. 대통령실 관리예산국이 예산을 편성할 경우, 전략적 또는 정책적으로 중요한 국가 어젠다 외의 예산에 대해 각 부처의 자율성을 높일 수 있다. 이렇게 자율성을 보장하는 동시에 국가 재정 운용의 정합성을 높이기 위해, 상의하달(上意下達)식 예산 편성의 상징인 재정전략회의를 강화해야 한다.

예산 관련 재정 거버넌스 개혁

예산 및 결산 업무 과정에서 행정부와 입법부의 역할을 조정할 필요성도 대두하고 있다. 예산 편성과 관련해 헌법 제54조는 "정부가 회계 연도마다 예산안을 편성해 회계 연도 개시 90일 전까지 국회에 제출하고, 국회는 이를 회계 연도 개시 30일 전까지 의결해야 한다"고 규정한다. 따라서 정부는 국가 예산안을 편성할 권한이, 국회는 이를 심의·확정할 권한이 있다. 그러나 헌법 제57조에서 "국회는 정부의 동의 없이 정부가 제출한 지출 예산 각항의 금액을 증가하거나 새 비목을 설치할 수 없다"고 명시하기 때문에, 정부가 국회의 예산 확정을 사실상 견제하는 동의권을 행사하게 된다. 이때 '정부'를 어떤 기관으로 이해하는지에 따라 재정 운영이 달라진다. 행정부 대표로서 대통령실 혹은 총리실을 정부로 볼 것인지, 아니면 행정부에서 예산 편성에 대한 권능을 분담하는 기재부를 정부로 볼 것인지의 문제다.

현실에서는 국회의 예산 확정을 사실상 견제하는 정부의 동의권을 기재부가 행사하고 있다. 이 동의권과 예산 편성권이 기재부에 있기 때문에 재정 운영에서 기재부의 독주가 발생하는 것이다. 그러나 헌법 어디를 봐도 기재부 장관이라는 국무위원이 제54조의 예산 편성권과 제57조의 동의권을 행사하는 주체라고 명시하고 있지 않다. 그렇게 해석할 수 있는 조항도 없다.

예산 편성부터 심의·확정·결산 보고에 이르는 재정 운영 거버넌스를 합리적으로 개선하려면 예산 부서 조직을 개편하고, 재정 업무 프로세스에서 행정부와 입법부가 역할을 새롭게 분담해야 한다. 우선 예산 확정 동의권을 기재부가 행사하지 못하도록 총리실이나 대통령실이 회수하는 조처가 필요하다.

재정 운영 거버넌스에서 행정부에 대한 국회의 견제 및 감시 역할을 강화하기 위해, 결산을 국회 예산정책처가 수행하는 방안도 있다. 더불어 감사원의 회계 감사 기능을 국회로 이관해 예산정책처가 결산 업무와 병행하고, 관리예산국 및 정부 부처의 재정 운용 성과를 평가하고, 그 결과를 예산 편성에 활용하는 방안도 같이 검토할 만하다. 미국은 국회에 회계감사원(Government Accountability Office, GAO)을 두고 정부의 성과 계획서 및 평가서를 검사·평가한다.

　국회의 예산안 심의 절차도 개선해야 한다. 현 제도하에서는 경기 전망·주요 지표 등 재정 여건은 물론, 재정 운용 방향·예산 총량 등 예산 골격 및 기조에 대한 국회의 심의가 부재하고, 심사 기간이 짧으며, 상임위원회의 예비 심사와 예산결산특별위원회의 종합 심사가 겹친다. 이뿐만 아니라 불투명한 예산 심의와 이른바 쪽지 예산으로 낭비에 대한 우려가 만연하다. 이런 문제를 개선하기 위해 예산결산특별위원회에서 예산 기조, 분야별·회계별·기금별·부처별 수입 및 지출 총액, 재정 적자·국채 발행 규모 등 예산 총액을 심사하고, 그 한도 내에서 사업 예산을 조정하는 상의하달식으로 심사 방식을 변경할 필요가 있다.

중앙정부와 지방정부의 재정 관계

재정의 중요한 주체로 중앙정부, 지방정부, 공기업과 같은 공공기관이 있다. 중앙정부와 지방정부 산하의 공기업은 각각 소속한 정부의 지휘에 따라 움직인다. 중앙정부와 지방정부는 재정 정책 분야에서 협조해야 하지만 중앙정부가 지방정부를 관리하는 것은 재정 분권에 역행하므로, 지방정부의 재정 자율성을 보장하는 것이 바람직하다. 지방정부는 국가 경제 상황도 주체적으로 고려하면서 지역 주민들에게 필요한 공공 서비스를 제공하고, 그들에게 선거를 통해 평가받아야 한다.

한국 사회에서는 수도권과 비수도권의 경제력 격차가 크다. 이에 따른 보건·교육·문화생활의 격차를 시급히 줄여야 하며, 그러기 위해 재정 분권화를 이룰 필요가 있다.

국가의 역할과 재정이 중앙정부에 치중해, 중앙정부는 업무 과부하 상태인데 지방정부는 가용 재원이 부족한 불균형이 지속한다. 중앙정부와 지자체의 수직적 체계가 아닌, 중앙정부·광역정부·기초정부의 수평적 체계를 위한 재정 분권을 계속 추진해야 한다. 지방정부가 지역의 현안 해결에 좀더 이바지할 수 있도록 정부 간 재정 관계의 개편이 필요하다.

지방자치단체의 낮은 재정 자립도

우리나라 지자체의 재정 자립도는 낮다. 지방세를 통한 자체 세원이 부족하고 중앙 재정에 지나치게 의존한다. 서울시는 재정 자립도가 높으나, 재정 자립도가 50퍼센트 이상인 지자체는 소수에 지나지 않는다. 특히 군 단위 지자체의 경우 2020년 기준 평균 14.7퍼센트였다. 수도권 외 지역은 중앙정부의 교부금이 없으면 운영이 어렵다.

지자체가 공공 서비스의 재원을 조달할 때 중앙정부의 교부금에 과도하게 의존하면, 지자체의 재정 책임성이 약해지는 문제가 생긴다.

지자체가 소요하는 재원을 대부분 중앙 재정에서 받아오므로 지역 주민은 세 부담을 직접 느끼지 않고, 결과적으로 지자체가 벌이는 사업의 효율성에 관심이 없다. 가능하면 중앙의 재원을 많이 받아 어떤 사업이라도 하면 좋은 것이다. 주민들이 무관심하므로 지자체장들은 공급하는 공공재의 내용에 대해 책임지는 자세가 부족해진다.

국세의 지방세화

우리나라 중앙정부와 광역 및 기초 지자체를 전부 합한 지방정부를 비교하면, 지출에서는 지방정부의 비중이 약간 크지만, 국세와 지방세로 구분하는 세수에서는 중앙정부의 비중이 지방정부에 비해 절대적으로 크다. 그러나 단순히 국세의 지방세화를 통해 지방 재정 문제를 해결하기는 힘들다. 경제력이 서울과 경기 지역에 집중한 현실에서[1] 국세의 일부 세목을 지방세화해 교부금 재원을 대체한다면 서울과 경기, 특히 서울은 재원이 넘쳐흐르게 되나 기타 지자체들은 재정이 매우 부족해진다. 어떤 세목을 통해 지방세화를 시도해도 발생할 상황이다.

바람직한 지방 재정 조정 제도는 지자체가 기능하는 데 필요한 재원과 지자체가 재정 책임성을 인식하고 공공재를 공급하는 환경뿐만 아니라, 여러 지자체에 세원이 균형 있게 분포하는 여건을 마련해줄 수 있어야 한다. 이 세 가지 조건이야말로 바람직한 지방 재정 조정 제도의 중요한 특징이다.

재정 분권화의 추진 방향

학계에서는 기존 지방 재정 조정 제도의 대안으로 공동세 제도(共同稅 制度, tax sharing system)와 수평 교부금 제도를 자주 논의한다. 공동세 제도는 몇 가지 세원을 공동세화해 중앙과 지방이 이를 적절한 비율 과 방식으로 나눠갖는 것이다. 이는 용도에 제한이 없는 일반 재원의 성격이다. 수평 교부금 제도는 일정한 기준으로 측정했을 때 재정력 이 수요에 비해 높은 지자체가 재정력이 수요에 비해 낮은 지자체에 재원을 수평적으로 이동시켜주는 것이다. 이런 지방 재정 조정 제도의 목표는 나라를 구성하는 지자체들 간의 상호 부조와 재정력 격차 해 소다.

공동세 제도는 바람직한 지방 재정 제도의 세 조건 중 지자체의 재 정 책임성 제고라는 측면에서, 수평 교부금 제도는 지자체 간 균형 있 는 세원 분포라는 측면에서 의미가 크다. 우선 공동세 제도는 지자체 가 공동세에 해당하는 세목을 통해 자체 세원을 얻는다는 점이 바람 직하다. 다만 공동세 세목은 통상적으로 법인세·소득세·부가가치세 인데 이는 지역 주민들이 기존에 국세로 납부하고 있기 때문에, 공동 세(지방세)가 돼도 인식이 크게 바뀌지 않을 가능성이 있다. 또한 우리 나라의 경우 세원이 중앙에 집중되어 수평 교부금 제도와 동시에 도 입하지 않으면 일부 지자체의 재정은 더 악화한다. 이런 점에서 수평 교부금 제도는 매우 중요하다.

일부 국세를 지방세로 전환해 향후 국세와 지방세 비율이 6 대 4 수준이 되도록 해야 한다. 세원이 비교적 안정적인 세목인 법인세·소득세·부가가치세를 중심으로 지방세 비율을 점진적으로 높이면서, 기존 교부금 제도를 대체해가는 것이 현실적이다. 이 과정에서 지자체에 배분하는 재정을 어느 정도 증가시켜 재정 여력을 만들어줄 필요도 있다.

동시에 기존의 국고 보조 사업도 지방에 이양하는 것이 바람직하다. 국고 보조 사업은 지방의 사업에 중앙정부가 보조금을 지급하면서 개입하는 것인데, 향후 이런 사업은 지자체에 전적인 권한과 책임을 맡겨 진행하는 것이 좋다. 관련 중앙부처의 조직·인력·예산을 일괄 이양함으로써 지자체에 재정 자율성을 주고, 성과와 책임을 중앙정부와 확실히 분담할 수 있는 재정 분권 체제를 구축해야 한다.

세수 추계와 재정 운영

2023년 정부의 세수 결손이 심각했다. 세입 예산 대비 65조 원 넘게 부족했다. 윤석열 정부의 기재부는 경기 위축으로 세수가 상당히 줄어들 것을 예상했음에도 불구하고, 2022년 하반기 세제 개편에서 대폭 감세를 단행했다. 2023년으로 해가 바뀔 때는 국가전략산업에 대해 획기적으로 높은 비율의 세액 공제도 만들었다. 결과적으로 한국 정부는 2023년 예산안에서 계획한 지출 내용을 이행하기 어려운 상황에 직면하게 되었다. 2023년 세수 부족의 주된 요인은 경기 위축이지만 2022년 세제 개편안에 담긴 감세 정책도 같이 작용한 것이다.

세수 오차가 나타난 분야와 그 원인

정부의 세수 전망에서 수년간 계속 큰 오차가 나타났다. 2021년에는 세수 61.3조 원, 2022년에는 52.5조 원을 예측보다 초과 징수했다. 앞서 말했듯 2023년에는 65조 원 규모의 세수 결손이 발생했다. 세수 예측의 오차에 대한 비판에 정부는 거듭 개선을 약속했으나 실제 나아지는 모습은 보여주지 못하고 있다.

큰 세수 오차는 법인세 분야, 그리고 양도 소득세·증권 거래세 같은 자산 거래 분야에서 발생하는 것으로 보인다. 주목할 것은 두 분야에서 모두 과세 대상의 경기 변동성이 크다는 것이다. 기업의 이익은 경기에 따라 변하는데 수출 대기업의 비중이 큰 한국의 경우, 대외 경제 여건이 나쁘면 내수 경제가 완충하기에는 역부족이라 세수가 큰 영향을 받는다. 한국의 특이한 현상은 수출 대기업 중에서도 소수의 대기업에 세수 대부분을 의존하는 것인데, 이런 사실은 과도한 경제력 집중을 잘 보여준다. 수출 대기업 소수의 실적이 좋지 않을 경우 국가 재정 운영에 제약이 크다. 법인의 실적이 좋지 않으면 근로 소득과 배당 지급에도 영향을 미치고, 이는 다시 소비에 충격을 줘 소득세·부가가치세·개별 소비세의 세수도 변화시킨다.

부동산 및 주식 시장에서도 경기 변동의 영향이 크게 나타나는데, 이런 시장에서 거래가 늘면 양도 소득세와 증권 거래세 수입이 늘어난다. 자산 시장의 경기 순환은 기업 실적과 관련한 일반적 경기 순환과 반드시 일치하지 않는다. 특히 부동산 시장의 경기 순환은 통상 더 길고 굴곡이 깊다.

결국 세수 오차는 큰 세수 변동성과 따로 얘기하기 어렵다. 세수 변동성이 크면 세수 오차가 크기 마련이다. 소수인 경제 집단에 경제력이 지나치게 집중한 것이 우리 경제의 약점인데, 불공정·불평등 문제와 아울러 세수 예측의 어려움도 여기에 기인하는 것이다. 그렇기에 세수 오차를 따지기 전에 경제의 체질을 개선하는 것이 더 근본적인 해결책이다. 국가가 소수의 수출 대기업에 자원을 몰아주고 이들의 성패에 전전긍긍하는, 위태로운 경제 발전 모형이 문제이며 여기서 벗어나야 한다.

세수 추계 작업의 개선 방안

세수 추계는 매우 어려운 작업이다. 경제 전망치를 전제로 다시 추산하는 것이기 때문이다. 그러므로 정확한 세수 추계는 경제 성장률 전망보다 어렵다. 전문 예측 기관의 성장률 전망도 틀리는 경우가 많다. 이 틀리기 쉬운 자료를 바탕으로 세수 전망 자료를 오차 없이 산출한다는 것은 더 어려운 일이다. 수출 대기업의 성과가 전체 경제 성장과 세수에서 큰 부분을 차지하는 우리의 경우, 세계 경제의 많은 변수가 세수의 변동성과 불확실성을 확대하는 요인이 된다.

세수 추계를 담당하는 기관은 세수를 과소 추계하는 오차가 자주 발생하는 것에 대해 심각하게 고민해봐야 한다. 세계(歲計) 잉여금의 최근 발생 추이를 보면 2019년과 2023년을 제외하고는 거의 매년 10조원 정도였으며, 2021년에는 평년의 두 배 이상으로 늘어났다. 그렇다면 세수 추계에 임하는 태도나 방법론에 문제가 있는 것이다. 경제 성장률 등에 대한 전망치 자체가 실제 경제 발전에 비해 낮은 방향으로 쏠리는 경우가 잦다면, 세수 오차의 문제라기보다 경제 전망의 문제라고 볼 수 있으나, 그런 전망치가 하방으로 몰린다고 보기는 어렵다.

세수 전망은 기재부가 국회에 예산안을 제출하기 전(회계 연도 전년도의 7월)에 이루어진다. 예산안 통과 시점(전년도 12월)과 회계 연도 시작 시점(1월) 사이에 상당한 시차가 있고, 실제 세금이 정부로 들어오는 시기(회계 연도의 1~12월)와도 평균 1년 정도 차이가 있다. 그러니 세수 전망이 정확할 수는 없다는 것은 어느 정도 수용해야 한다. 다만 실제 세수가 들어오기 시작해 한 해의 중반이 지나면, 세수 추세가 거의 결정되고 더 이상의 큰 변화가 어려운 시기가 온다. 7~9월, 즉 3/4분기 정도가 그때인데 이 시기에 추세를 보며 전망한 값은 당연히 예산안을 마련하던 그 전 해 세입 전망치보다 훨씬 정확하다. 한 달 전의 날씨 전망과 이틀 전의 날씨 전망은 정확도가 다를 수밖에 없는 것이다.

2021년 말 추세가 충분히 보이고 이를 반영해 세수 전망을 수정할 수 있는데, 기재부가 거의 이를 무시하는 초과 세수를 예측치로 제시한 적이 있다. 2021년 8월 말 기준 국세 수입은 세입 예산 대비 26.9조 원을 초과했다. 이 추세가 이어지면 2021년 전체의 초과 세수는 40조 원이 될 수도 있었다. 9월 이후 달라질 요인을 진단해봐도 초과 세수로 30조 원 정도는 확보할 수 있을 것으로 보였다. 그러나 기재부는 초과 세수는 19조 원 정도라는 주장을 굽히지 않았다. 결과적으로 결산 시점의 세수 초과액은 29.8조 원이었다.

초과 세수를 과소 예측함으로써 예산 지출 규모 결정에 영향력을 행사하려 하는 것이라면, 기재부의 이런 행태는 온당치 않다. 초과 세수가 얼마인지는 2022년 예산이 국회 통과를 앞둔 시점에서 중요한 참고 자료였다. 그 차이가 수십조 원에 이르는 상황에서는 더욱 그랬다. 초과 세수 규모가 크면 예산 증액에 반영해 특정 분야에 사용하는 것에 대한 반대 의견이 설 자리가 좁아진다. 물론 예산 증액이 필요한지, 그렇다면 어디에 사용하는 것이 가장 바람직한지에 대한 논의는 필요하다. 정부와 국회가 주권자들의 의사를 감안해 결정해야 하는 것이다. 당연히 기재부는 예산 편성 부서로서 그 과정에 의견을 제시할 수 있다. 다만 정확한 자료를 제시하는 것은 기재부의 의무인 동시에 기재부만 할 수 있는 일이다. 세수 전망을 적절하고 신속하게 수정하기를 거부하는 것은 부서의 직무를 성실히 수행하지 않은 것이며, 비판받아야 할 사안이다.

그러므로 기재부가 매년 8월 이듬해 예산안과 세수 추계 자료를 제출할 때, 전년도에 제출한 당해 연도의 세수 추계 예측치를 재추계해 그 수정 자료를 국회에 제출하도록 제도를 변경할 필요가 있다. 세수를 당해 연도 2월과 8월에 두 차례 재추계하고, 이 결과를 국회에 제출하는 방식도 고려해볼 수 있다. 세입 및 세출 추가 경정(추경)이 필요하다면 국회가 결정할 수 있도록, 상대적으로 정확한 세수 정보 자료를 제공하는 것이다.

세수 오차와 재정 운영

초과 세수가 발생하는 경우 재정법에 의거해 사용한다. 재정법은 초과 세수를 지방 재정 교부금과 공적 자금, 그리고 국채 상환에 정해진 비율대로 사용하도록 규정하고 있다. 이렇게 사용하고 남은 초과 세수는 추경으로 쓸 수 있다. 반대로 세수 결손이 발생하면 이를 메꿀 대책을 마련해야 한다. 중앙정부가 메워야 하는 세수 부족분은 결손액의 60퍼센트인데, 내국세의 40퍼센트가량을 지방 교부세와 지방 교육재정 교부금으로 지방에 이전하니 이만큼은 지자체와 교육자치단체가 감당해야 한다.

그러므로 정확한 세수 추계는 예산 편성 과정에서 중요한 의미가 있다. 정부가 지출 규모를 결정할 때 세수 규모를 기준으로 삼지는 않지만, 세수 규모에서 일정한 한도를 넘어서는 지출을 결정할 때는 그 필요성을 한결 엄밀하게 판단하기 마련이다. 우발적 초과 세수가 생기면 추경을 통해 당해 재정 지출을 확대하려는 경향이 나타나기 쉽다. 추계의 오류로 인해 실제 세입 규모보다 과소한 예측을 반복한다면 재정 당국은 예산 편성을 필요한 수준보다 억제할 것이다. 결국 세수 예측치와 실제 세수의 격차가 큰 경우 재정 정책의 효과적 운영이 어려워진다.

정부와 학계에서 세수 예측의 오차를 줄이고 바로잡으려고 노력해야겠으나, 큰 세수 오차 발생과 세수 변동성이 특권층에게 경제력이 집중된 탓이라면, 그런 노력이 단시간에 성과를 거두기는 어렵다. 장기적으로 경제력 편중 문제를 해소하고, 단기적으로 세수 변동성을 염두에 둔 재정 운영 방안을 이행해나가야 할 것이다. 지난 5년간의 세수 이동 평균치를 중심으로 하되, 경기 대응에 필요한 예산 규모를 가감해 예산 총량을 결정하는 안을 고려할 필요가 있다. 단 경제 및 사회 구조의 장기적 개선을 위한 정부의 선제적 재정 투자는 예외다.

세수 결손 충당을 위한 기금 전용:
기재부의 자의적 재정 정책 운영에 따르는 문제

2023년의 세수 결손 충당을 위해 정부는 세계 잉여금 활용, 예산 불용 그리고 기금 전용 등의 방법을 동원했다. 기금 전용은 환율 급변동에 대응하기 위한 외국환 평형 기금의 예탁금을 조기 회수해 일반 회계 재원으로 넘기는 방식이다. 국채 발행도 감액 추경도 하고 싶지 않은 궁여지책이겠지만 공적 자금의 기금 활용도 세수 결손을 빚으로 메우는 것과 다름없다. 이렇게 세수 보충을 위해 총지출 밖의 자원을 활용하거나, 국유 재산을 매각하는 재정 운영은 적절치 않다. 감세를 철회하고 제대로 된 세입 확충 방안을 제시해야 한다.

재정 정책이 통화 정책과 다른 점은 관련 의사 결정 과정이 정치의 일부라는 것이다. 통화 정책은 정부에서 독립적인 중앙은행이 담당하지만, 세금 및 재정 지출을 포함하는 재정 정책의 경우 정부가 제안한 내용을 국회가 의결하게 되어 있다. 이는 우리나라뿐만 아니라 모든 민주주의 국가에서 공통인 국가 운영의 핵심 구조다. 기재부가 다른 부처나 공공 기관에 예산을 일정한 비율로 불용해 남기도록 지시하는 것도 주어진 권한을 남용하는 것이다. 국회가 국민의 의견을 대변해 부처나 기관이 사용하도록 배정한 예산을, 기재부가 자의적으로 일부 줄여서 쓰라고 시켜서는 안 된다. 법에 의거해 용도를 지정한 기금을 기재부가 국민과 국회의 의견을 들어보지 않고 전용하는 것도, 권한을 남용하고 민주주의의 기본 질서를 위배하는 행위다.

3부

조세 정책의 현실적 갈등

조세 부과의 원칙

고통을 주는 세금 부과가 납세자들의 마음에 들기는 어렵다. 이들이 이성으로라도 세금을 수용하려면 일정한 원칙이 필요하다. 바람직한 조세 제도는 공정하고 효율적이어야 하며, 국회는 시민들의 관심과 참여를 바탕으로 이런 조세 제도를 실현하려는 노력을 부단히 기울여야 한다.

바람직한 조세 제도의 요건

윤석열 정부의 첫 번째 작품인 2022년 세제 개편안의 주된 내용은 법인세·상속세와 부동산 및 주식 관련 과세에서 소득과 자산이 충분한 이들의 세 부담을 대폭 줄여주는 것이었다. 서민들의 부담을 덜어주겠다는 명분으로 끼워 넣은 소득세 개편도, 소득 하위 계층보다는 상위 계층의 세 부담 경감 혜택이 더 크게 설계했다. 기재부의 설명 자료에 따르면 소득세 개편으로 최대 세액 경감액인 54만 원의 혜택을 받는 급여자는 7800만 원에서 1억 5000만 원까지의 소득 구간에 위치한다. 국세청 통계로 볼 때 연 소득 7800만 원이면 우리나라에서 대체로 9분위에 속하는 소득자들의 평균, 1억 5000만 원이면 10분위에 속하는 소득자들의 평균이다. 국민 스무 명 중 가장 잘사는 한 명만 소득 상위 계층이며 그 바로 아래 두 명의 고소득자에게 소득세 경감 혜택을 최대로 주겠다는 것인데, 이를 서민을 위한 소득세제 개편이라 하기는 어렵다.

바람직한 조세 제도는 어떤 것일까? 조세의 목적은 정부 재정 조달인데, 재원의 부담을 누구에게 더 부과하는지는 경제뿐만 아니라 정치에서도 핵심이다. 조세의 소득 재분배라는 측면, 즉 공평성 문제는 감출 수 없는 큰 관심사다. 소득 재분배 이전에 시장에서 경제 주체들의 소득 구조가 편중하면 소득 재분배에 대한 요구는 더 강해진다.

애덤 스미스(Adam Smith)가 바람직한 조세 제도의 요건에 대해 한 말을 널리 인용한다. 평생 독신으로 산 이 스코틀랜드 출신 학자는 과세는 공평해야 한다는 점을 강조했다. 그가 살던 18세기 후반 효율성 개념은 아직 등장하지 않았다. 과세의 명확성·편의성, 징수 및 납세 비용 최소의 원칙을 말했지만 이는 지금 우리가 생각하는 효율성의 개념과는 다른 것이었다.

현대 경제학에서 이해하는 효율성의 개념을 통해 조세 제도가 추구해야 하는 요건을 규정한 사람은, 1960~1970년대에 활동한 미국 재정학자 리처드 머스그레이브(Richard Musgrave)다. 그는 조세가 지향할 가치로 공평한 세 부담 외에도, 조세 부담이 경제 행위에 주는 영향을 최소화할 것을 주장했다. 즉 효율성을 개별 주체들의 경제적 의사 결정에 대한 중립성으로 정의한 것이다. 그의 또 다른 요구는 조세 제도가 경제 안정화를 위한 재정 정책을 가능케 할 수 있어야 한다는 것이었다. 거시 경제 정책이 정부의 중요한 역할로 부상하던 상황을 적절히 반영했다고 하겠다.

1970~1980년대에 활동한 독일 조세학자 하인츠 할러(Heinz Haller)는 개인 정보 공개를 최소화할 수 있고, 납세자들이 세 부담을 감지하기 상대적으로 어려운 것을 바람직한 조세 제도의 특성으로 보았다. 현재도 활동하고 있는 진보적 경제학자이자 노벨경제학상 수상자인 조지프 스티글리츠(Joseph Stiglitz)는 바람직한 조세 제도의 요건에 정치적 책임, 즉 투명성을 추가했다. 이는 납세자들이 세 부담을 가능한 한 낮게 감지하는 조세가 바람직하다는 할러의 생각과 정면으로 충돌하는 것이다. 조세의 정치경제적 성격을 잘 파악하고 있는 스티글리츠는, 납세자들이 세 부담을 제대로 인지해야 비로소 세금을 사용하는 정치인과 관료들의 행동을 통제하는 민주주의가 작동한다는 점을 설파했다.

모든 이들이 언급한 이상적 조세 제도의 성격은 '공평성'이다. 조세 제도가 공평하지 못하다면 어떤 장점을 갖춰도 사람들에게 권할 수 없을 것이다. 애덤 스미스 이후 다른 학자들은 바람직한 조세 제도에 있어야 하는 특성으로 '효율성'을 들었다. 효율성은 공평성과 함께 바람직한 조세 제도의 두 축이다. 효율성의 개념을 명확히 하고, 효율성과 공평성에 대한 요구가 경제 구조 변화에 따라 어떻게 바뀔 수 있는지 생각해볼 필요가 있다.

효율성은 보통 중립성의 의미로 받아들인다. 재정학에서는 중립적 세금이 경제 주체들의 의사 결정을 더 적게 왜곡하기 때문에 사회의 부담을 최소화한다고 본다. 즉 조세의 개입이 없는 경우 경제 주체들이 스스로 이익을 극대화하는 선택을 할 것이므로, 이 상태를 최선으로 보고 왜곡을 최소화하는 것이 효율적이라는 것이다.

그런데 현실에서는 정부가, 심지어 자유주의를 표방하는 정부조차도 비중립적 정책 수단을 사용하는 경우가 흔하다. 시설 및 R&D 투자에 대한 법인세액 공제, 법인세율 인하, 금융 소득에 대한 저율 과세, 가업 상속 공제 등은 비중립적 과세이므로 엄밀히 보면 효율성을 위배하는 것이다. 그런데 경제 성장을 촉진한다는 논리로 이를 효율성을 추구하는 정책 취급하는 경향이 있다. 오랫동안 경제 성장 추구는 경제 전체의 효율성을 증가시켜 파이를 키우는 것이므로 재분배 정책, 즉 공평성을 추구해 파이를 나누는 것과 충돌한다는 시각이 지배적이었다. 원칙적으로 이런 시각은 잘못된 것이다. 정부가 경제 성장·투자·고용 창출이나 지역 활성화를 위해 선택하는 비중립적 정책 수단이 추구하는 목적에 부합할 수는 있어도, 경제학에서 혹은 바람직한 조세 제도의 요건으로 추구하는 효율성에 해당하는 것은 아니다.

종부세 부과의 경우 효율성을 추구하는 정책이다. 경제학 교재에서는 토지와 같은, 공급이 비탄력적인 재화에 대해서는 과세를 해도 공급이 변화하지 않으므로 왜곡이 발생하지 않고, 따라서 초과 부담도 발생하지 않는다는 점을 분명히 하고 있다.

현재와 같은 자본 과잉의 시기에 공평성과 효율성의 개념은 경제 발전을 위한 자본이 부족하던 시기와 다를 수밖에 없고, 현실이 요구하는 바람직한 조세 제도의 내용도 달라질 수 있다. 고용에 해롭고 투자에 이로운 세액 공제, 낮은 법인세율, 가업 상속 공제, 자산 및 금융 소득에 대한 비중립적 저율 과세가 자본이 부족하던 시기에는 필요했을지도 모른다. 그러나 지금처럼 자본이 넘치고 불평등으로 인적 자원 개발에 문제가 생기는 시기에는 자본에 대한 특혜성 규정을 폐지하는 것이 효율성과 공평성을 함께 추구하는 길이다.

세제 개혁의 원칙과 방향

세제 개혁이 필요하다면 이를 어떻게 할 것인지가 문제다. 세법에는 원칙이 있으며, 세제 개혁은 이 원칙을 제도에 반영하는 작업이어야 한다. 현실 사회의 구성원들은 다양하고 이해관계는 복잡하게 얽혀 있다. 세법 개정은 유력한 납세자들의 이해를 대변하는 정당들의 타협으로 이뤄지는 경우가 많다. 정당이 보통 주권자들의 입장을 잘 대변하도록, 정치인들이 그들을 입신양명의 도구로 이용하지 않도록, 풀뿌리 민주주의가 잘 착근하고 발전해야 한다. 그래야 대의민주제에서 전체 국민의 이익에 부합하는 세법이 자리 잡을 수 있다.

국가는 세금으로 조성한 재원을 동력 삼아 작동한다. 현실에서는 미진함을 느낄 수도 있지만 그래도 국가는 공동선을 실현하는 주체다. 치안·국방·교육과 같은 공공 서비스를 제공하고 복지 지출과 일자리 창출을 통해 국민들의 어려움을 챙긴다. 세법의 으뜸가는 원칙은 국가가 필요한 재원을 조달하는 과정에서 세 부담을 구성원들에게 공정하게 배분해야 한다는 것이다. 원칙은 세상을 보는 시각에 따라 다르고 시대의 흐름에 따라 변하지만 여기에도 논리적 근거가 있어야 한다.

세 부담을 구성원들에게 공정하게 분배하는 것이 중요하므로 자연스럽게 소득세가 조세 제도의 중심에 위치하게 된다. 세 부담은 고통 분담이므로 가족이나 회사가 아닌, 실제 고통을 느끼는 주체인 개인을 기준으로 해야 공정할 수 있다. 이상적 소득세는 개개인의 소득을 종류별로 빠짐없이 합산한 다음 과세하는 것으로, 이때 대부분의 나라에서 누진 세율을 적용한다. 세금의 배분이 고통의 균등한 분담이라면, 한계 효용 체감의 법칙에 따라 고소득자들에게 높은 세율을 적용하는 것이 합당할 가능성이 높기 때문이다.

법인세·부가가치세·상속세와 같은 세목도 공정한 과세에서 중요한 기능을 하는데, 소득세와 연관성을 잘 살펴봐야 한다. 개별 세목들은 전체 조세 체계의 일부이기 때문이다. 우선 부가가치세로 대표하는 소비세를 보면, 소득세와 달리 소비를 과세 대상으로 한다. 소비를 과세 대상으로 선정한 것은 경제력을 비교적 잘 드러내는 특징이 있기 때문이다. 역사적으로 소득세보다 먼저 소비세나 관세가 주요 세목으로 자리 잡은 것도 이 때문이다. 즉 소득은 파악하는 데 비용이 드는, 어려운 과세 대상이지만 소비는 재화 거래 과정에서 상대적으로 쉽게 포착할 수 있다. 상속을 제외한 소득은 시차가 있어도 언젠가는 소비한다. 그러므로 과세 당국이 소득보다 소비 중심으로 경제력을 파악하면 비용을 비교적 적게 들일 수 있다. 결정적 단점은 위에서 언급한 상속의 문제와 누진 세율 적용의 어려움이다. 경제 발전과 함께 개인들이 축적하거나 상속받은 자산은 크게 늘고 있다. 전체 세금에서 소비세의 비중이 무거우면 자산 형성 및 상속의 세 부담은 상대적으로 가벼워진다. 소비세는 누진 세율을 적용하기 부적절하니 균등한 고통 분담의 차원에서 열등하다.

소득세와 소비세를 병행 과세함으로써 징수 비용 절감을 추구하는 것은 바람직하나, 전체 세수에서 소득세보다 소비세 비중이 더 큰 상황은 지양하는 것이 좋다. 미국 등 주요국과 비교해보면 우리의 소득세 비중이 현저히 낮다. 공정한 과세가 제대로 이뤄지기 어려운 세입 구조다. 그러므로 향후 소비세에 누진 세율 적용이 어렵다는 단점을 보완하는 세제 개혁안이 필요하다.

우선 소득세의 비중을 높여야 한다. 부가가치세 확대는 전반적 물가 상승으로 이어질 우려가 있다. 이는 과거 유럽 주요국들이 부가가치세율을 인상할 때 가장 어려워한 사안이다. 향후 몇 년간 인플레이션 관리가 세계적으로 가장 중요한 경제 현안이 될 가능성이 크다. 부가가치세율을 건드리는 것은 매우 위험하고 짧은 생각이다. 부가가치세의 경우 생필품에 대한 세율 경감으로 서민들의 부담을 덜어주는 것이 정부가 할 일이다. 증세는 자산 소득에 대한 과세 강화, 금융 및 자산 소득에 대한 종합 과세, 소득세 과세 표준 구간 조정을 통한 실효 세율 인상을 통해 해야 한다.

ılılı

07

소득세

조세 제도의 일부만을 경제적 분석 대상으로 삼아 제도 개정안을 제시하는 경우, 조세 제도를 구성하는 다른 요소들과 충돌이 발생할 때가 많다. 제도를 이식하는 환경이라고 볼 수 있는 전반적 조세 체계에 대한 충분한 이해를 바탕으로 정책이나 제도를 개선해야 한다(Institute for Fiscal Studies, 2011). 조세 체계의 중심에는 소득세가 있다. 소득세를 가운데에 놓고 법인세·부가가치세 등 다른 세목들이 일정한 체계를 구성하고 있다.

조세 제도는 납세자들이 세 부담을 회피(예: 소득 축소 신고, 소득 형태의 법적 전환)하려는 시도를 방어하는 체계로, 역사적으로 오랜 시간에 걸쳐 체계화한 것이다. 제도를 변경할 때 이를 충분히 고려해 방어 체계의 기능을 교란하지 않도록 해야 한다.

조세 부담의 공평성과 동등 희생설

수평적 공평성

조세의 수평적 공평성 혹은 형평성은 수직적 공평성과 함께 응능 과세 원칙을 구성한다. 경제력에 상응하는 세금을 부과해야 한다는 원칙은 우선 동일한 소득 수준에 동일한 세 부담을 요구한다. 여기에는 부정할 수 없는 가치가 있으며, 헌법적 가치인 '평등성'의 가장 손쉬운 실현으로 보인다.

수평적 공평성에 따른 세율 차이는 세 부담의 차별을 의미하게 된다. 소득이 같으면 인종·나이·성별·결혼 여부·자녀 유무·건강 상태 등이 달라도 동등하게 과세해야 하는가? 바람직성은 차치하더라도 현실에서 그렇게 하기는 쉽지 않다.

동일한 소득에 대해 연령·혼인 및 건강 상태·자녀 유무에 따라 의도적으로 다르게 취급하도록 세법에서 규정하는 나라들이 있다. 성별에 따라 적정 은퇴 연령이 다르다면 세법상에서 다르게 취급하는 것이 공정할 수도 있는 것이다. 위와 같은 요인이 개인의 지불 능력에 영향을 미치는 경우 차별적 고려의 대상이 될 수 있다.

종합 소득에 대한 과세 원칙은 소득 종류를 구분하지 않고 동일하게 과세해야 한다는 것이다. 납세자 갑은 서비스업에, 납세자 을은 제조업에 종사하더라도 이것이 조세 부담에 영향을 주어서는 안 된다. 또 이자 소득이든 근로 소득이든 구별하지 말고 개인에게 귀속시켜 그에게 적용하는 세율 체계에 따라 과세해야 한다. 소득 종류별로 조세를 지원 혹은 중과하거나, 다른 세율 구조를 적용하는 제도(schedule system)는 수평적 공평성을 해친다.

소비세 및 지출세 분야에서는 단일 세율인 일반 소비세가 조세 형평성 측면에서 우월하다. 이는 효율성 측면에서 차선인 과세를 선호하는 것과 큰 차이가 있다. 와인세와 맥주세의 세율이 다른 예에서 기호에 따른 세 부담의 차별을 볼 수 있다. 시간 여유가 있어 스스로 요리하는 사람과 비교할 때, 시간 여유가 없어 식당에서 식사하는 사람에게 미가공 식료품에 대한 부가가치세 면제는 과세상 차별을 의미한다.

사치재에 대한 과세는 저소득층과 비교할 때 고소득층에게 중과일 수 있고, 조세 형평성 측면에서 수직적 공평성에는 합당하나 수평적 공평성에는 맞지 않는다. 즉 일부 고소득층은 사치재를 사용하지 않을 수 있고 일부 저소득층은 사치재를 사용할 수 있다.

예를 들어 한국의 소득세에서 부양가족 1인에 대한 소득 공제는 150만 원이다. 즉 부양가족이 없고 연 소득 3000만 원인 사람과, 부양가족이 두 명이고 연 소득 3300만 원인 사람에게 같은 소득세 부담을 요구한다. 동일한 소득 수준에 동일한 세 부담을 요구하는 것이 수평적 공평성이니 두 사람의 소득이 같다고 보는 것이다.

부양가족에 대한 공제, 월세 세액 공제와 같은 다양한 소득 공제 제도는 모두 수평적 공평성을 구현하려는 수단이다. 그러나 현실에서 규정의 수준은 적절한가? 특히 이런 규정들이 중복하는 경우 그 적절성이 심각하게 우려스러우며 불확실성이 존재한다.

수평적 공평성에 어긋나는 조세 제도가 항상 열등하다고 볼 필요는 없고, 다른 원칙으로 보완할 수도 있다. 효율성을 위해 특정한 소득 종류나 소비 행위에 특별 과세를 하기도 한다. 예를 들어 환경을 해치는 소비 행위(혹은 다른 부정적 외부 효과를 유발하는 소비 행위)에 중과세하는 것은 사회적 비용 측면에서 시장 가격을 교정해주는 역할을 하므로, 형평성을 해치기보다 효율성을 증진하는 것이다.

수직적 공평성과 동등 희생설

조세의 수평적 공평성에서는 원칙에 대한 반론보다, 구체적 상황에서 경제력을 어떻게 판단할지가 논의의 중심이다. 수직적 공평성의 경우에는 과세할 때 납세자들의 경제력 차이를 어떻게 다룰지가 중요하다. 경제력이 더 높은 사람이 세금을 더 내는 것에는 대부분 동의하지만, 얼마나 더 많이 낼지에 대해서는 의견 차이가 크다.

형평성의 관점에서 세 부담은 경제력이 다른 사람들에게 공정하게 나눠야 한다. 이는 헌법에서 규정한 기본 가치인 평등의 개념에서 출발한다. 형식적 평등뿐만 아니라 실질적 평등도 충족해야 하며, 사실 경제력이 다른 사람들에게 어떻게 과세하는 것이 실질적으로 평등한지가 핵심이다. 이런 요구에 부응하는 이론이 바로 동등 희생설(同等犧牲說, theory of equal sacrifice)이다.

개인들의 효용 함수는 동일하고 개인 간 비교도 가능하다고 하자. y는 세전 소득이고 T는 납부 세액이라면, 납세자의 효용 u는 y와 T의 차이, 즉 세후 소득 $y-T$에 따라 변하는 함수다.[1] 절대적 동등 희생(equal absolute sacrifice)은 납세자들에게 효용 감소의 절대적 크기가 동등해야 한다는 의미다. 즉 모든 납세자에게 과세 부담으로 인해 감소하는 효용의 크기가 동일한 것이다.[2] 여기서 중요한 점은 절대적 동등 희생에 입각한 세금 납부로 인해 모든 이에게 동등하게 감소하는 것은 납세액 T가 아니라, 납세액으로 인해 잃는 효용이라는 것이다. 단조(單調, concave) 효용 함수[3]에서는 소득이 증가하면 납세액도 같이 증가한다. 그러나 절대적 동등 희생 상황에서 반드시 누진적 세율 구조가 되지는 않는다. 단지 세액만 증가할 뿐임을 기억해야 한다.

절대적 동등 희생과 달리 상대적 동등 희생(equal proportional sacrifice)은 효용 감소의 상대적 크기가 동일한 경우를 말한다. 상대적 동등 희생에 입각한 과세는 모든 납세자에 대해 납세액으로 인한 희생의 크기, 즉 효용 감소가 세전 효용 크기에 비례해야 한다.[4] 이 경우도 효용 함수 전 구간에서 납세액은 소득이 증가할 때 함께 증가한다. 결과적으로 주어진 효용 함수에서 상대적 동등 희생설은 절대적 동등 희생설에 비해 더 강한 소득 재분배를 요구한다. 필요한 효용 감소 규모가 세전 소득과 함께 증가하기 때문이다. 그러나 상대적 동등 희생설에 입각한 과세에서도 누진적 세율 구조가 필연적이지는 않다.

세 번째 동등 희생은 한계적 동등 희생(equal marginal sacrifice)이다. 납부하는 세금 마지막 단위의 한계 효용 크기가 모든 납세자에게 동일해야 한다는 것이다. 판단 기준이 납부하는 세금의 마지막 단위와 관련하기 때문에 절대적·상대적 동등 희생과 달리 세금 납부 후의 결과를 중심에 둔다.[5] 한계 효용을 체감하는 경우 한계 희생 상황을 만들기 위해 매우 높은 누진율의 과세가 필요하다. 이런 과세가 이뤄지면 결과적으로 납세자들의 세후 소득은 완전히 동일해진다. 그 상태에서만 개인들의 한계 효용이 동일해질 수 있는 것이다. 이 경우 사회 전체의 복지는 극대화하고 납세자들이 치르는 희생의 합은 최소화한다. 이는 사회에서 개인의 평균 소득을 초과하는 부분은 모두 세금으로 납부해, 소득이 평균 이하인 개인들에게 이전해야 한다는 뜻이다. 중요한 것은 이런 상황이 세전 소득이 정해져 있다(외생 변수)는 가정에 기인한다는 것이다. 개인들이 자기 소득을 조정할 수 있는 경우, 즉 노동이 강제가 아닌 경우에는 재분배의 정도가 낮아지기 마련이다. 완벽한 재분배가 이뤄지는 사회에서 개인들의 일할 의욕은 사라지기 때문이다.

전체적으로 평가하면 초기 동등 희생설 주창자들은 소득세 누진 세율 구조의 정밀한 이론적(수학적) 기초를 발견하려던 의도를 실현하지 못했다. 그러나 동등 희생설은 정책 현실과 입법 과정에서 응능 과세 원칙을 합리화·제도화하는 데 추진력을 제공하는 사회 윤리적 기능을 수행했다고 볼 수 있다.

소득 종류와 소득세 공제 제도의 기능

소득세는 과세 방법에 따라 종합 소득 과세와 분류 소득 과세로 구분한다. 종합 소득 과세는 모든 소득을 원천 및 종류와 무관하게 종합해 누진 세율로 과세하는 데 비해, 분류 소득 과세는 소득을 원천별로 구분해 해당 세율로 과세한다. 현행 소득세법은 종합 과세를 원칙으로 하되, 일부 소득에 대해서는 분류 과세를 적용하고 있다.

여덟 가지의 과세 대상 소득 중 이자 소득·배당 소득·사업 소득·

근로 소득·연금 소득·기타 소득 여섯 가지는 종합 과세 대상으로, 각 소득을 합산해 종합 소득을 산출한 뒤 누진 세율을 적용한다. 한편 퇴직 소득과 양도 소득은 분류 과세한다. 장기간에 걸쳐 형성한 소득에 대해 퇴직과 같은 특정 시점에 일괄적으로 과세할 경우, 누진 세율로 인해 세 부담이 지나치게 높아지는 현상을 방지하기 위해서다. 또한 종합 과세 대상 소득이라 할지라도 법에서 규정한 특정 소득에 대해서는 분리 과세를 하는데, 이런 경우 소득을 지급할 때 일정 세액을 원천 징수한다.

소득세를 부과할 때 소득 종류를 구분하는 이유는 무엇보다 공평성이다. 소득 종류별로 획득하기 위한 노력의 강도가 다르기 때문에 이를 반영하고자 하는 것이다. 노동력을 적극적으로 투입하지 않으면 얻을 수 없는 소득(예: 근로 및 사업 소득)이 있는 반면, 노력을 투입하지 않아도 자산을 투입하면 상대적으로 수월하게 발생하는 소득(예: 이자·배당·임대 소득과 같은 자산 소득)도 있다. 따라서 이렇게 소득 종류별로 다른 특성을 필요 경비 인정액을 차별화하는 방식으로 반영한다. 필요 경비를 높여주면 과세 소득이 낮아져 세 부담도 줄어들게 된다. 그러므로 자산 소득의 성격이 있는 소득을 사업 소득으로 분류하는 경우 그 자체가 특혜를 제공하는 것이 된다. 현재 우리 세법은 자산 소득의 성격인 부동산 임대 소득을 사업 소득으로 분류하는데, 이는 공평성 문제를 내포하는 사례다. 독일의 경우 임대 소득을 세법이 인정하는 소득 종류 중 하나로 별도 구분하고 있다.

인적 공제(부양가족 공제)·보험료 공제·의료비 및 교육비 공제 등을 세법학계에서는 '주관적 필요 경비'라고 한다. 해당 소득을 창출하기 위해 직접 들이는 비용은 '객관적 필요 경비'라 부르며, 소득 금액을 계산하는 과정에서 먼저 공제한다. 이와 달리 인적 공제 등을 주관적 필요 경비라고 부르는 까닭은 가정이나 건강 등을 유지하는 것이 소득 창출로 직접 이어지지는 않지만 삶을 영위하는 데 필수적이므로 넓은 의미의 필요 경비로 분류할 수 있기 때문이다.

주관적 필요 경비의 원칙에 적합한 지출이 되려면 의료비·교육비·보험료 등의 지출 내용을 생활에 꼭 필요한 수준으로 제한해야 한다. 그리고 그 기준은 개인이 아니라 사회 구성원들의 전반적 경제 상황에 따라야 한다. 예를 들어 비싼 등록금을 내는 미국 유수의 사립 대학교 학생의 부모 입장에서는 부모로서 의무라거나 소득에서 공제해 줘야 한다고 생각할 수 있다. 그러나 현행 세법에서는 이를 허용하지 않는다. 다른 사회 구성원들은 하고 싶어도 할 수 없는 지출 범위에 속하기 때문이다.

소득세제 개편안

우리나라 소득세제의 특징

우리나라의 소득세 최고 세율은 높지만, 이를 적용하기 시작하는 소득 구간의 경계점도 높다. 따라서 최고 세율의 적용 대상이 적다. 한국의 소득세(지방세 포함) 최고 세율 49.5퍼센트는 2021년 OECD 회원국 평균인 42.5퍼센트보다 높고, G7 국가(49.7퍼센트)나 평균 소득 5만 달러

표 7.1 2022년 근로 소득세 실효 세율의 국제 비교 　　　　　　　　　　　　　　　(단위: %)

소득 구간	1인 가구					홀벌이 두 자녀 가구				
	50%	100%	150%	200%	250%	50%	100%	150%	200%	250%
OECD	7.6	15.0	19.5	22.5	24.7	1.3	10.1	15.6	19.2	21.9
한국	1.5	6.6	10.4	13.7	17.0	0.2	4.7	8.6	12.4	15.4
차이	6.1	8.4	9.1	8.8	7.7	1.1	5.4	7.0	6.8	6.5

주 1: 소득 구간은 임금 근로자 평균 소득의 50~250퍼센트.
주 2: 실효 세율=(중앙정부 근로 소득세+지방정부 근로 소득세)/총임금 소득.
출처: OECD Stat, Database. 강병구(2023. 8. 31.)에서 재인용.

이상 국가들(49.1퍼센트)과 비슷한 수준이다. 하지만 2021년 소득세 최고 세율 적용을 시작하는 과세 소득 구간의 경계점은 근로자 평균 소득 대비 22.8배로, OECD 회원국 평균(6.3배)의 세 배 이상이다.

두 번째 특징은 근로자 소득 공제 제도에서 근로 소득(세액) 공제의 비중이 크고, 기본 공제 등 인적 공제가 차지하는 비중은 상대적으로 적다는 것이다. 기본 공제 규모가 작다는 것은 생계의 단위가 근로자 개인이 아닌 가계라는 점을 소득세제가 충분히 반영하지 못한다는 의미이며, 근로 소득 공제는 면세 비율을 높이고 근로자와 사업자 간에 과세 형평성 문제를 일으킨다.

세 번째 특징은 근로 소득자의 근로 소득 및 근로 소득 세액 공제 등의 규모가 커 소득세 최고 세율은 OECD 평균보다 높지만, 실효 세율은 낮은 것이다(표 7.1 참조).

마지막 네 번째 특징은 이자·배당·임대료·주식 양도 소득 등에 대해 낮은 소득세율을 적용하는 것이다. 금융 소득의 경우 1인당 2000만 원까지 14퍼센트로 분리 과세하고, 임대 소득의 경우 분리 과세에 대한 선택권을 준다. 국내외 주식·채권·파생 상품과 같은 금융 투자로 얻은 양도 소득 등을 모두 합산해 과세하는 금융 투자 소득세(금투세)의 경우 손익 통상, 이월 공제, 5000만 원(국내 상장 주식) 또는 250만 원(기타 투자 소득)의 기본 공제를 한 후 3억 원 이하 20퍼센트, 3억 원 초과분 25퍼센트의 세율을 적용한다.

세율과 과세 표준 구간의 적정성

세 부담을 응능 과세 원칙에 입각해 납세자들 간에 공정하게 배분하고 있는지는 매우 중요한 사안이다. 우리나라 조세 제도는 소득 재분배 기능이 대체로 취약한 것으로 분석한다. 소득세의 지니 계수 교정 효과는 크지 않으며, 간접세 분야에서 역진적 효과를 감안하면 전체 조세의 소득 재분배 효과는 미약하다.

  우리나라의 소득세 체계는 누진 세율 체계를 단순화하면서, 과세 소득 구간의 조정을 통해 실효 세율을 전반적으로 인상하는 방향으로 개편해야 한다. 소득세 최고 세율을 적용하는 과세 소득 구간 경계점을 낮추고, 하위 소득 구간의 세율도 적절한 수준으로 조정해야 한다. 2012년 이후 고소득 구간 중심으로 한계 세율을 인상했지만, 고소득층만을 대상으로 한 세율 인상으로는 재원 조달에 한계가 있다. 초과 누진세제를 도입해 하위 소득 구간에서 세율이 올라가면, 고소득층의 경우 최고 세율을 적용하는 소득 범위가 더 넓어져 세 부담이 저소득층에 비해 더 많이 증가한다.

가족에 대한 공제 확대와 신용 카드 세액 공제 제도 정비

국가가 배려해 세 부담을 덜어줘야 할 사람들도 있다. 저출생 시대에 부양가족이 많은 가구들이다. 근로 소득 공제를 축소하되 인적 공제를 확대해 가계 단위의 생계 지원 기능을 강화해야 한다. 사업자의 소득 포착률이 높아진 현실을 고려해 근로 소득 세액 공제는 줄이고, 사업자 과세 표준 공개를 위해 도입한 신용 카드 소득 공제도 점진적으로 폐지한다. 고등학교 무상 교육 실시와 대학 국가 장학금 확대에 맞춰 자녀 교육비 공제를 없애고, 기초 연금의 확대에 맞게 경로 우대 공제를 정비한다. 또한 기본 공제를 확대하면서 자녀 세액 공제를 폐지하는 방안을 모색한다.

근로 소득세제 개편

〈국세통계연보〉(2021)에 따르면 2020년 기준 근로 소득세 과세 인원은 1950만 명이다. 이들이 수령하는 급여액은 746.3조 원, 근로 소득세 결정 세액은 44.2조 원, 실효 세율은 5.9퍼센트였다. 과세 인원이 모두 근로 소득세를 납부한 것은 아니고 그중 37.2퍼센트는 소득 규모가 작아 근로 소득세를 납부하지 않아도 되는 면세자였다.

소득세는 전체 국세에서 세수 비중이 가장 큰 세목이다. 2020년 국세 징수액 총 285.5조 원 중 소득세액은 93.1조 원으로 32.6퍼센트를 차지했다. 이 중에서도 근로 소득세가 소득세에서 점하는 비율이 가장 높다. 93.1조 원의 소득세 징수액에서 44.2조 원이니 절반에 육박한다. 전체 국세에서 비중은 15.5퍼센트 정도로 매우 크다고 할 수는 없으나, 근로 소득에 대한 과세는 전체 과세 체계의 중심에 있다. 즉 근로 소득의 과세 부담에 견주어 사업 소득·법인 소득·양도 소득 등의 세 부담 수준을 결정한다.

근로 소득의 세 부담을 줄여야 한다는 의견이 있다. 인플레이션이 있으면 실질 소득에 비해 명목 소득의 증가 폭이 큰데, 소득세는 명목 소득을 기준으로 과세하니 실질 소득 증가와 비교할 때 소득세가 상대적으로 과중하며, 이런 영향이 오래 누적한 것을 감안해 세 부담을 하향 조정해야 한다는 것이다. 우리나라 소득세의 기본적 문제점을 생각하지 않는다면 인플레이션이 야기하는 세 부담을 줄여주는 조정은 필요하다.

우리나라의 소득세 비중은 주요국과 비교해 상대적으로 낮다. 그리고 근로 소득자 중 면세자 비중이 큰 것도 문제점으로 지적한다. 근로 소득 면세자 비중은 2013년 32.4퍼센트 수준까지 낮아졌다가, 2014년 박근혜 정부에서 상당수의 소득 공제 항목을 세액 공제 항목으로 변경하는 과정에서 48.1퍼센트까지 치솟았다. 그 후 매년 조금씩 비중이 낮아지면서 2020년 37.2퍼센트에 이르렀다.

전체 근로 소득세 납부 인원에서 40퍼센트 가까이가 세금을 조금도 내지 않는 상황은 물론 비정상이다. 하지만 이들의 소득이 생계비 수준에 미달해 세금을 내지 못하는 것이므로 소득세법 개정으로 달리 어떻게 할 방도는 없다. 그만큼 소득의 양극화가 심각해 근로 빈곤 계층의 비율이 높다는 것으로, 복지의 중요성과 필요성을 심각하게 인지해야 한다는 신호로서 의미가 있을 뿐이다.

다만 전문가들은 박근혜 정부의 소득세제 개편 이전에도 면세자 비율이 32.4퍼센트까지 내려간 적이 있으므로, 30퍼센트 정도를 목표로 조금씩 낮춰가는 것은 가능하다고 판단했다. 이를 실현하기 위한 수단은 인플레이션 과정에서 생기는 실질 소득 증가에 비해 다소 큰 세 부담 증가를 조정하지 않는 것이었다. 그래서 2014년의 면세자 비율 48.1퍼센트가 2020년 37.2퍼센트로 차차 낮아진 것이다.

한국의 실효 소득세율은 OECD 평균에 비해 상당히 낮다. 그러니 당연히 전체 세수나 GDP에서 소득세가 차지하는 비중도 낮다. 우선 소득세 비중을 늘리고, 근로 소득자의 실효 세율을 점차 높이는 동시에 면세자 비중도 줄여갈 필요가 있다는 데 전문가들과 학계는 의견을 모았고, 여야의 입장도 다르지 않았다.

사업자와 근로자에 대한 소득 공제 한도 조정

사업 소득과 근로 소득의 공통점은 적극적 경제 활동으로 얻은 소득에 대한 과세라는 점이다. 사업 소득은 일정한 사업에서 발생한 소득을, 사업은 영리를 목적으로 반복하는 사회적 활동을 뜻하며, 사업 소득이 있는 거주자를 사업자라고 한다. 사업 소득 금액은 해당 과세 기간의 비과세 소득을 제외한 사업 소득인 총수입 금액에서 필요 경비를 차감해 도출하며, 종합 과세 대상이 된다. 비과세 소득은 일정한 소득 요건을 만족하는 경우로 논밭 임대 소득, 농어가 부업 소득, 전통주 제조 소득, 산림 소득, 기타 작물 재배 소득, 어로·어업 소득, 1주택(기준 시가 12억 원 이하) 소유자의 주택 임대 소득 등이 해당한다.

사업 소득이 있는 사업자들 상당수는 일자리 부족으로 근로자가 될 수 없어, 자영업 전선에 내몰린 사람들이다. 소득세법에서는 보험료·의료비·교육비에 대한 소득 공제를 자영업자에게는 적용하지 않고 근로자에게만 적용해, 결과적으로 성실하게 신고한 사업자는 근로자와 소득이 동일해도 세 부담이 더 높아져 차별적 과세가 된다. 사업 소득세 탈루율이 20퍼센트 정도임을 감안한다면, 자영업자들이 소득 공제에서 불리함에도 불구하고 근로자들보다 평균적으로 세 부담이 적다고 볼 수 있다.[6] 그러나 이런 문제 해결 방식은 불합리하다. 왜냐하면 이런 일괄적 처분이 불성실한 자영업자에게는 아니더라도, 성실한 자영업 납세자들에게는 불리하게 작용하기 때문이다. 자영업자에게 소득 공제는 제대로 해주고, 세원의 투명성을 확보할 다른 방안을 마련해야 한다.

종합 과세

금융 투자 소득세의 상장 주식 양도 차익 기본 공제, 금융 소득 중 이자·배당에 대한 종합 과세의 분리 과세 기준 금액을 낮출 필요가 있다. 이자·배당의 경우 개인별로 2000만 원까지는 15.4퍼센트(지방세 포함)로 분리 과세하기 때문에, 고소득 근로자의 경우 금융 소득 분리 과세를 통한 혜택이 크다. 소득 계층 간 과세 형평성뿐만 아니라 소득 유형 간 과세 형평성도 고려해야 한다. 기본적으로 소득 종류 구분 없이, 개개인의 모든 소득을 합산해 누진 세율에 따라 종합 과세하는 것이 바람직하다. 단기적으로는 금융 소득 종합 과세의 기준 금액을 500만 원으로 하향 조정하는 것이 합당하다.

주식 양도 차익 및 거래에 대한 과세

우리나라는 더 이상 외국 자본이 필요한 국가가 아니다. 외국 자본에 기술이나 경영 노하우가 동반하지 않는다면, 그 자체에 대한 한국 경제의 수요는 오히려 마이너스다. 현실은 국내에서 충분히 축적한 저축 자본이 투자처를 찾지 못하고 있는 것이다. 금융 산업에서는 자본 해외 수출을 유도하는 정책 지원이 필요하다고 주장하며, 정부 정책도 해외 투자에 대한 조세 지원 요구를 어느 정도 반영한다. 일본과 유럽에서도 마이너스 금리를 동원해 저축은 줄이고 투자는 늘리려 안간힘을 쓰는 것을 전 세계가 목도하고 있다.

우리나라 국내 경제에서 자본 초과 공급은 매우 위험한 수준에 이르렀다. 국민연금의 누적 기금은 국내 자본 시장이 감당할 수 있는 수준을 넘어, 국민 경제를 교란하는 위험 요인으로 작용하고 있다. 기업의 현금성 자산 규모도 상당해, 비금융업 분야 매출 상위 100대 기업의 자산 대비 현금 비율은 10퍼센트에 달한다. 한편 개인들은 노후에 대한 불안 및 사회 안전망 부족으로 저축 동기가 강해져, 국가적으로 엄청난 초과 저축 상태다. 이런 상황을 고려하면 자본 해외 수출에 대한 정책 지원 요구를 일면 이해할 수 있다.

그러나 자본 해외 수출에 대한 조세 지원은 제도의 체계성 측면에서 매우 비효율적인 정책이다. 기존의 국내 조세 체계(자본에 대한 호혜적 과세)는 국내 경제의 자본 부족 상태, 즉 자본의 초과 수요를 전제로 만들었다. 따라서 자본 해외 수출에 대한 정책 지원은 일단 이를 수정한 후에 가능하다. 그렇지 않으면 해외 자본 유인이라는 정책 목표가 사라진 상태에서, 자본에 대한 특혜성 과세로 세수 손실이 커지고 형평성을 훼손할 수밖에 없다.

　주식·파생 상품의 양도 차익 및 거래에 대한 과세를 논의할 때 항상 거론하는 것이 금융 산업에 미치는 영향이다. 국민 경제보다 금융 업계의 이해를 반영해 정책을 결정하기 때문에, 금융 산업이 위축할 수 있다는 이유로 주식 양도 차익 및 파생 상품 거래에 대한 공정한 수준의 과세를 계속 미룸으로써 국민 경제에 큰 위험을 초래하고 있다. 기본적으로 모두 종합 과세하는 것이 타당하며 그러지 말아야 할 경제적 논거는 부족하다.

　주식 양도 차익 과세는 과세 표준 3억 원 이하인 경우 20퍼센트, 초과일 경우 25퍼센트 세율로, 이는 일부 고소득층에 대한 세제 혜택이므로 조세의 수직적 공평성 관점에서 심각한 문제다. 부동산 양도 차익 및 배당에 대한 과세와 정합성을 유지해 조세 체계의 내부적 요구에 부응해야 할 필요도 있다. 현재 주식 양도 차익 과세 체계에서는 대주주들의 이익을 당연히 배당하지 않고 법인에 유보하는데, 이는 배당에 대한 종합 과세율보다 주식 양도 차익 과세율이 낮기 때문이다.

　주식 양도 차익에 대한 과세를 정상화해도 증권 거래세는 유지해야 한다. 증권 거래세는 기관 투자자의 대량 거래, 투기성 초단기 거래가 증가하는 상황에서 건전한 장기적 투자를 유도하기 위해서라도 필요하다. 또한 조세 조약에 의거해 주식 양도 차익 과세 대상에서 제외하는 외국인 투자자에게도 증권 거래세는 부과할 수 있다. 주식 양도 차익에 대한 과세가 증권 거래세를 대체할 수 있다고 보는 것은 전자가 국내 세수를 심각하게 떨어뜨린다는 중요한 논점을 간과하는 것이다.

법인세

기업에 대한 과세는 법인세 제도를 통해 이뤄진다. 기업은 경제 활동의 중심이므로 이들에 대한 과세는 어느 나라에서나 조심스럽다. 또한 법인세는 사회에서 가장 강력한 로비 집단이 부담하는 세금이다. 기업은 실질적으로 언론을 지배하고 학계를 장악할 수 있다. 그렇다고 해서 공정한 과세를 하지 않을 수는 없다. 최강의 경제 집단이 세금을 기피한다면 정부는 나라 재정을 지탱하는 제 역할을 할 수 없다.

 법인은 자본의 유한 책임화를 통해 위험한 투자를 가능케 하는 유용한 사회적 도구지만, 한편으로는 개인이라면 어려울 수준의 세 부담 회피 혹은 유예 수단으로도 기능한다. 조세 부담 회피는 기업 활동 국제화를 통해 각국 정부가 따라갈 수 없는 수준으로 발전하고 있다. 미국의 경우 장기 자본 투자와 해외 투자를 통한 조세 회피가 빈번하고, 한국의 경우 법인세율이 낮으므로 수익을 배당하지 않고 법인에 유보해 세 부담을 회피하다가, 나중에 가업 상속 공제를 통해 세금을 부담하지 않고 자녀에게 기업 지분을 넘겨줌으로써 영원히 세 부담에서 벗어나는 경우가 많다.

우리나라의 법인세 부담이 무거운가

우리나라 법인의 세 부담이 무거운가? 그렇지 않다. 법인세의 실효 세율은 충분히 낮다. 2022년 기재부의 세법 개정안에는 대규모 감세로 이어지는 내용이 있었고, 결국 국회에서 큰 수정 없이 통과시켰다. 향후 필요한 정부 지출을 제약하는, 부정적 경제 효과를 야기할 결정을 한 것이다. 그중 법인세 최고 세율을 25퍼센트에서 22퍼센트로 인하하는 내용에 대해 기재부는 집요하게 여론을 조성해보려 했다.

　기재부는 우리나라 법인세율이 OECD 국가들에 비해 대체로 높은 수준이라고 주장한다. OECD 평균과 비교해도 GDP 대비 법인세 비중이 높고, 명목 세율인 법인세 최고 세율을 수평 비교해도 그렇다는 것이다. 우리나라 법인세 최고 세율이 OECD 국가 평균보다 약간 높은 것은 사실이다. 그러나 기재부는 외국의 최고 세율은 모든 기업에 적용하는 단일 세율이지만, 우리나라 최고 세율은 전체 90만여 개의 법인 중 과세 표준 3000억 원 이상 구간에 속하는 100여 개의 법인에만 적용한다는 것을 숨긴다.

　우리 정부나 기업을 대변하는 단체들은 우리나라 GDP에서 법인세 비중이 OECD 평균보다 높고, 국내 법인들의 과세 부담은 충분하다고 강변한다. 2018년 기준 OECD 국가 평균 GDP에서 법인세 비중이 3.1퍼센트였는데 우리나라는 4.2퍼센트로 나타났다. 우리나라의 법인세 비중이 OECD 평균보다 높은 이유는 법인에 충분히 과세해서가 아니라, GDP에서 법인 소득이 차지하는 비중이 다른 나라보다 월등히 높기 때문이다. 2018년 기준 우리나라 GDP에서 법인 소득의 비중은 18.5퍼센트로 미국의 7퍼센트, 영국의 13.2퍼센트, 프랑스의 5.5퍼센트, 독일의 8.3퍼센트, 일본의 13.2퍼센트에 비해 높다. 그 이유는 낮은 법인세율 및 사회 보장 비용 분담률, 높은 조세 감면, 그리고 조세 이외의 특혜로 생긴 법인의 이익을 기업에 유보해 증식시키기 때문이다.

한국의 법인세 명목 최고 세율(지방세 포함 26.4퍼센트)은 OECD 국가 평균(23.6퍼센트)을 상회하지만 실효 세율은 높지 않다. 2023년 OECD 회원국 중 34개국은 단일 세율을 적용하고, 법인세 공제·감면 제도는 국가마다 다르므로, 법인세 부담을 국제 비교하는 데는 명목 세율보다 실효 세율이 더 적합하다. 우리나라의 2020년 법인세 실효 세율(지방세 포함)은 20.5퍼센트로, 영국(2020년 19.8퍼센트)·캐나다(2018년 20.2퍼센트)보다 높지만, 일본(2019년 25.1퍼센트)·미국(2019년 21.0퍼센트)·호주(2020년 24.8퍼센트)보다 낮다(강병구, 2023. 8. 31.).

명목 세율이 아닌 실효 세율을 비교하면 우리나라 법인이 부담하는 세율이 높지 않음이 명백하다. 표 8.1은 주요국들의 실효 세율 추이를 보여준다. 실효 세율은 한 나라의 법인세 수입을 과세 대상인 법인의 소득으로 나눠 계산한다. 이는 명목 세율뿐만 아니라 기업에 적용하는 조세 감면 제도의 효과도 반영하므로, 세 부담 수준이 더 실제적으로

표 8.1 법인세 실효 세율 국제 비교 (단위: %)

	한국 (2020)	일본 (2019)	미국 (2019)	영국 (2020)	캐나다 (2018)	호주 (2020)
GDP 대비 법인세	3.4	3.8	1.3	2.3	4.1	2.8
법인세 최고 세율	25.0 (27.5)	23.2 (29.7)	21.0 (25.9)	19.0 (19.0)	15.0 (26.8)	30.0 (30.0)
법인세 실효 세율	17.5 (20.5)	17.7 (25.1)	14.8 (21.0)	19.8 (19.8)	13.4 (20.2)	24.8 (24.8)
과세 표준/GDP	15.9	11.5	8.1	13.0	20.2	11.2

주 1: 실효 세율=총부담 세액/과세 표준.
주 2: 괄호 안은 지방세를 포함한 수치임.
출처: OECD Revenue Statistics, 각국 국세청 과세 자료. 강병구(2023. 8. 31.)에서 재인용.

나타난다.

문재인 정부 시기이던 2020년 통합 투자 세액 공제 제도를 만들었다. 슬그머니 도입해 당시 주목받지 못했으나 이 제도의 효과는 강력했다. 기업의 실효 세율을 대폭 낮추는 작용을 한 것이다. 법인세 최고 세율을 25퍼센트로 올린 효과는 완전히 사라졌다. 국세 통계 자료에 기초해 계산했을 때 법인의 실효 세율은 2019년 19퍼센트대에서 2020년 17퍼센트대로 오히려 낮아졌다. 통합 투자 세액 공제는 2020년 12월에 도입했으나 2020년 투자분에는 세액 공제를 제공하도록 규정해, 2019년에 나타난 법인세율의 세 부담 증가 효과를 2020년부터 통합 투자 세액 공제의 세 부담 경감 효과가 눌러버린 것이다.

통합 투자 세액 공제는 기본 공제와 추가 공제를 제공하는데 대기업에 대한 기본 공제율은 높지 않으나, 추가 공제율은 중소기업과 구별 없이 투자 금액의 3퍼센트로 높다. 추가 공제의 조건은 과거 3개년

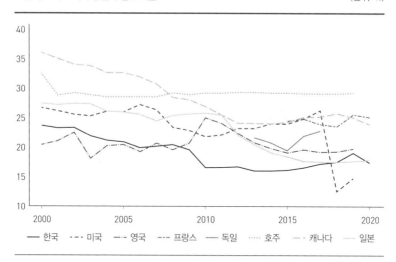

그림 8.1   주요국의 법인세 실효 세율   (단위: %)

범례: — 한국 ···· 미국 — 영국 --- 프랑스 — 독일 ···· 호주 -·- 캐나다 — 일본

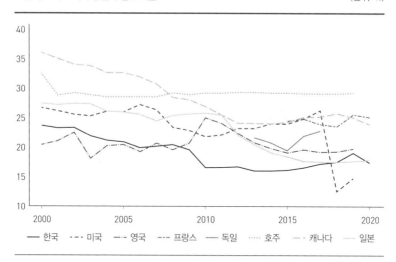

출처: 윤영훈(2022).

도의 평균 투자 금액을 넘게 투자하는 것으로, 기업이 몇 년에 한 번씩 모아서 투자하면 쉽게 맞출 수 있다. 결과적으로 일부 대기업의 법인세 명목 세율을 올리는 시늉을 하면서, 실제로는 통합 투자 세액 공제를 통해 세 부담을 도로 낮춰준 것이다.

법인세 공제·감면액이 중소기업보다 대기업과 중견기업에서 더 높고, 이 중 상당 부분에 최저한세도 적용하지 않는다. 2021년 과세 표준 5000억 원을 초과하는 60개 대기업이 법인세 공제·감면액 9조 9000억 원 중 35.5퍼센트를 차지하며, 이 중 44.7퍼센트에는 법인세 최저한세를 적용하지 않았다. 2022년에는 세법 개정을 통해 대기업에 대한 국가전략기술시설 투자 세액 공제율을 6퍼센트에서 8퍼센트로, 2023년에는 대기업 및 중견기업의 세액 공제율을 8퍼센트에서 15퍼센트로 상향 조정해, 향후 5년 동안 대기업을 중심으로 법인세 통합 투자 세액 감면액이 총 13조 3000억 원에 달할 것으로 추정한다(장혜영 의원실 보도 자료, 2023. 5. 22.). 2017년 법인세법 개정으로 과세 표준 3000억 원 초과액에 적용하는 법인세율을 22퍼센트에서 25퍼센트로 인상했다가, 2022년 세법 개정을 통해 다시 24퍼센트로 낮췄지만, 과세 표준 1000억 원 초과액에 적용하는 최저한세율은 여전히 17퍼센트로 유지하고 있다(강병구, 2023. 8. 31.).

결국 기업들과 기재부의 요구는 문재인 정부가 22퍼센트에서 25퍼센트로 올린 법인세 명목 세율을 이전 수준으로 되돌려달라는 것이다. 그러나 실효 세율로 보면 이는 이미 이뤄졌다. 그들의 요구대로 법인세 명목 세율을 22퍼센트 수준까지 내린다면 법인세 실효 세율은 17퍼센트 이하로, 문재인 정부 이전보다 더 낮아질 것이다.

법인에 대한 저율 과세는 공정한가

세금의 기본인 공정성을 고려하면 기업에 대한 과세를 개인에 대한 소득세와 비교해봐야 한다. 법인기업에게는 법인세를, 개인기업에게는 소득세를 적용하기 때문에 법인세와 소득세는 기업에 대한 과세의 양축이다. 소득이 5억 원 이상인 개인사업자들에게는 소득세율 45퍼센트를 적용하는데, 사업을 법인 형태로 하면 법인세율 20퍼센트를 적용한다. 소득 2억 원 이하의 중소기업에게는 법인세율이 10퍼센트로 더 낮다. 법인 소득의 경우 법인세 납부 후 주주들에게 이익을 배당할 때 소득세를 다시 부과하기는 하나, 대주주가 법인의 이익을 배당하지 않고 기업에 유보하기로 하면 이 부담은 없어진다. 한국 기업의 배당 확률은 대체로 낮다. 결과적으로 법인이 대주주의 조세 피난처 역할을 하는 것이다.

기업 형태 선택의 중립성을 보장하기 위해서는 개인사업자와 법인 사업자의 세 부담이 균형을 이뤄야 한다. 법인이 배당을 미루면서 소득세 납부를 무한정 연기하는 것을 감안해, 원천 징수의 성격이 있는 법인세율을 소득세율과 큰 차이가 없게 해야 한다. 그런데 우리나라 세법 규정은 전혀 그렇지 못하다. 법인세 최고 세율 22퍼센트와 소득세 최고 세율 45퍼센트의 격차는 매우 크다. 기업을 지배하는 대주주는 법인세를 내고 남은 이익을 계속 기업에 유보해 세 부담을 회피한다. 법인 소득은 주주에게 경제적으로 귀속하기 때문에 기업 대주주들에 대한 과세는 다른 시민들에 비해 가벼워지고, 세 부담의 공평성은 심각하게 훼손된다.

법인에 대한 감세가 정말 공정한지 생각해보자. 다시 한번 말하지만 법인 소득은 주주들에게 경제적으로 귀속하며, 법인에 대한 세금 감면은 기업 대주주의 세금을 줄이는 것이다. 한국 사회에서 이들은 어떤 위치인가? 국세청 자료에 따르면 2019년 우리나라 상위 1퍼센트인 계층이 배당 소득의 69.3퍼센트를 받는다. 배당 소득 대부분이 소수 특권층의 것이니 주식도 마찬가지다. 결국 기업에 대한 낮은 법인세율은 이 특권층에게 혜택을 부여하는 것이고, 법인에 대한 감세는 불공정한 과세를 더 불공정하게 만드는 것이다.

더구나 특권층에 대한 감세를 이렇게 가볍게 하는 현실을 기업의 투자를 장려하고 경제 성장을 촉진하는 정부 정책으로 포장하고 있다. 뚜껑을 열어보면 이런 과세는 불공정할 뿐만 아니라 중산층·서민의 소비력 감소와 내수 부족으로 이어지기 때문에, 장기적으로 경제에 해롭고 비효율적이다.

가장 중요한 것은 법인세를 낮추면 국가와 국민에게 무엇이 좋은지다. 특혜성 과세로 공정성에 문제가 생기고 기업의 세 부담이 이미 낮다 해도, 법인세율을 추가로 줄여 투자와 고용이 의미 있는 수준으로 늘어난다면 그렇게 할 필요가 있을 것이다. 법인세 인하가 투자를 늘리고 새로운 일자리를 창출하는가? 연구 결과는 그렇지 않다고 말한다.

세 부담 완화의 혜택은 누구에게 돌아가는가? 조세의 귀착 이론이 이를 설명한다. 재정학 교재에서는 (우리와 같은) 소국개방경제(小國開放經濟, small open economy)에서 자본에 대한 과세는 최종적으로 근로자에게 귀착한다고 본다. 이때 전제하는 것은 자본의 자유로운 이동성과 나머지 조건의 동일성이다. 현실에서 이 조건을 충족하는가? 그렇지 않다. 기업이 해외로 이전하는 데는 큰 비용이 들기 때문에 자본의 자유로운 이동성이라는 조건은 만족시킬 수 없다. 그럼 나머지 조건이 동일한가? 예를 들어 한국과 중국은 사업 환경이 다르므로 조건은 동일해질 수 없다. 결국 법인세율 인상의 부담이 대주주에게 돌아가듯 법인세율 인하의 혜택도 대부분 주주에게 귀착한다.

법인세는 투자를 저해하는가

법인세는 과연 무엇에 대한 과세인가? 과세 대상인 법인 이익의 성격은 여러 논란의 시발점이며, 그렇기에 여기에 대한 규명은 의미가 있다. 법인 이익은 독점적 자본 이익이라는 시각과 투입한 자본의 기회비용이라는 시각이 대립한다.

법인 이익을 독점적 자본 이익으로 보는 사람들은 법인 이익이 잔여 소득(또는 순이윤)이라는 점에 주목한다. 이론적으로 완전 경쟁 시장에서 모든 비용을 제한 후 법인 이익은 0이어야 하며, 법인이 이익을 남긴다면 이는 시장에서 독과점인 위치를 확보했기 때문이라는 것이다. 이 경우 법인에 대한 중과세는 투자를 저해하지 않고, 기업은 이세 부담을 타자에게 전가하지도 못한다.

법인 이익을 자본의 기회비용으로 보는 시각에서는 자기 자본(순자산)에 대한 대가(현금·주식 배당)는 법인 비용에 대한 공제를 받지 못한다는 세법 규정에 주목한다. 자기 자본을 투자했지만 비용으로 공제받을 수 없으므로, 이 부분이 법인의 이익으로 남지 않으면 투자하지 못한다는 것이다. 따라서 법인에 대한 과세는 이익을 감소시키고 이는 다시 투자를 저해해, 실제로는 근로자의 실질 임금을 깎는 방식으로 근로 소득을 줄인다는 것이다.

법인 과세에는 이 두 가지 성격이 다 있으므로 법인 이익을 두 부분으로 분리해 차등 과세하자는 주장도 있다. 그러나 기계적 중립성을 지키는 데 큰 의미를 두기는 어렵다. 법인세라는 규범의 내용은 항상 조세 회피와 힘겨운 싸움을 염두에 두고 고안하는 것이다. 이런 특별한 사회 규범으로서 법인세의 성격에 소홀해서는 곤란하다. 때로는 이론의 선명성을 희생하더라도, 가능한 한 조세 회피에 남용할 수 없도록 규정을 설계해야 한다.

그래서 법인 이익률을 기준으로 차등 과세하는 방안은 비현실적이다. 법인세제 전체를 세밀하고 조심스러운 규정으로 구성했는데 이 제도에서 핵심 중의 핵심인 법인세율을 자의적·일괄적 방식으로 정한다면, 어울리지도 않고 법적 안정성도 해친다. 일정한 자본 대비 법인 이익 비율(예: 5퍼센트)까지는 낮은 세율을, 그 이상의 비율에 해당하는 이익에는 높은 세율을 적용한다면, 기업은 모든 수단을 동원해 보유한 무형 자산 등에 대한 평가를 상향 조정함으로써 총자산과 자본 총계를 늘려, 낮은 세율을 적용하는 법인 이익을 확대하려 할 것이다. 그러므로 인위적 분할보다 위에서 언급한 두 가지 시각 중 무엇이 더 경제적 의미가 있는지를 감안해 전체 법인세율을 조정하는 것이 현실적이다.

법인 이익은 독점 자본의 이익, 즉 순이윤의 성격이 강하다고 볼 수 있다. 재정학 교재에서는 기업의 한계 자금을 차입금으로 조달하고, 경제적 감가상각이 세법의 상각 규정과 일치하는 경우, 법인 이익은 순이윤의 성격이 있다고 한다. 그리고 현실에서 이 두 조건을 완전히는 아니어도 대체로 만족한다. 그래서 법인 이익은 순이윤 성격이 상당히 강하며, 이런 경우 법인세 부담을 쉽게 전가할 수 없고 법인에 대한 과세가 투자에 부정적 영향을 미치기도 어렵다.

법인세는 위의 두 성격과 다른 또 한 가지 개성이 있다. 바로 소득세와 같은 원천 징수세의 성격이다. 법인세는 소득세와 함께 기업 과세의 양축을 구성하는 동시에 기업 형태 선택의 중립성을 보장해야 하기에, 법인세 부담과 소득세 부담은 균형을 이뤄야 한다. 법인세 부담과 배당에 대한 소득세(소득 공제 포함) 부담의 합이 최종적으로는 개인기업의 소득세 부담과 균형이 맞도록 설계했다고 해도, 법인 단계의 과세 이후 이어지는 배당 단계의 세 부담 조정을 무한정 지연할 경우에 대비해 원천 징수의 성격이 있는 법인세율이 소득세율에 근접해야 하는 것이다. 그러나 우리나라에서는 규정이 그렇지 못하기에 대주주가 법인 이익을 배당하지 않고 기업에 유보해 소득세 최고 세율보다 훨씬 낮은 수준의 법인세만 부담하면서, 실제로는 경영권을 이용해 기업 자산을 사적 재산처럼 행사하는 행태가 흔히 나타나는 것이다.

여기서 우리가 검토해야 하는 중요한 사안은 과세, 특히 법인세의 부담이 투자와 같은 경제 활동을 저해하는지다. 만일 그렇다면, 그리고 감세로 투자가 늘어나고 그 효과가 다른 소득 계층에게도 확산한다면, 비록 세 부담 감소의 혜택이 고소득층에게만 직접 돌아가는 부자 감세라 해도 반대할 수만은 없다.

이론적으로는 법인세율을 인하하면 투자가 늘어날 개연성이 있다. 신고전파 경제학의 자본 비용 이론(theory of capital cost)을 개발한 데일 조겐슨(Dale Jorgenson)의 연구(Jorgenson, 1963)에서는 조세가 자본 비용에 영향을 미치고 투자를 저해한다고 본다. 그러므로 조세를 줄이면 투자는 늘어나야 한다. 그러나 이 이론은 그 정교함에도 불구하고 통계적으로 검증하지 못했다.

제이슨 커민스(Jason Cummins), 케빈 해싯(Kevin Hassett), 글렌 허버드(Glenn Hubbard)의 연구(Cummins et al., 1996)에서는 법인세율과 투자의

관계가 통계적으로 유의미하다고 보고했다. 그러나 그 뒤 이를 지지하는 연구가 계속되지 않고 단발성에 그쳤다. 계량경제학 연구의 성격상 결과가 직관에 반하는 경우, 실증 분석의 결과가 풍부해야 법인세율과 투자의 의미 있는 관계가 성립한다고 볼 수 있을 것이다.

그동안 국내 연구에서도 법인세와 투자의 관계를 입증하지 못하다가 김진수, 박형수, 안종석(2003)의 연구와 김우철(2005)의 연구에서 유의미성을 증명하는 결과가 나왔다. 그러나 두 연구에서 보여준 것은 매우 미약한 상관관계다. 전자의 연구에서는 법정 법인세율이나 한계 세율(유보 소득을 재원으로 한 경우)을 1퍼센트포인트 인하하면 실질 설비 투자율이 0.05퍼센트 정도 증가하고, 유효 세율(납부 세율/과세 소득)은 유의미한 관계가 나타나지 않으며, 한계 세율(차입 자본을 재원으로 한 경우) 인하는 설비 투자를 유의미하게 감소시키는 결과가 나왔다. 후자의 연구에서는 법인세 부담이 투자에 음(−)의 효과가 있었으나 이는 통계적으로 미미해 무시해도 되는 수준이었다.

이 문제를 좀더 직관적으로 살펴보기 위해 법인의 총비용에서 법인세 비용의 비중을 보자. 〈국세통계연보〉(2022)에서 2021년 당기 순이익이 있는 법인기업 55만 2561개의 총수입 금액은 4505조 원, 당기 순이익은 324조 원, 산출 세액은 68조 원이다. 법인기업의 수입 금액에서 총비용 비중은 92.8퍼센트이며, 이 중 법인세 비용 비중은 1.5퍼센트에 지나지 않는다. 따라서 법인세를 10퍼센트 줄여준다면 법인의 총비용 중에서 0.15퍼센트포인트에 해당하는 비용 감소 효과가 있다. 기업 입장에서는 이런 규모라도 세 부담을 줄이는 것을 선호하겠지만, 이것 때문에 투자 결정이 달라지지 않을 것은 자명하다.

기존 연구에 대해 지적할 점은 법인세 인하가 투자를 유인하는 효과가 있다고 분석한 연구 중 상당수가 실효 세율과 투자의 상관관계를 다루었다는 것이다. 실효 세율은 명목 세율이 낮아지지 않아도 투자에 대한 세금 공제를 늘리면 내려간다. 그러므로 실효 세율과 투자 간 상관관계가 유의미하다는 분석은 명목 세율 변화의 효과가 아니라, 투자에 대한 세금 공제의 효과일 가능성이 높다. 그렇다면 실효 세율과 투자의 관계가 유의미하다는 연구 결과를 바탕으로 명목 세율을 낮춰야 한다고 주장하는 것은 논리의 비약이다.

법인세의 경제적 효과에 대한 연구의 결정판이라고 할 수 있는 논문(Gechert & Heimberger, 2002)을 소개하고자 한다. 법인세율 인하의 경제 성장 제고 효과에 대한 논문 42편의 추정 441회를 메타분석한 것이다. 우선 메타분석에 앞서 개별 논문들을 살펴보면, 결론은 '법인세율 인하가 성장에 좋다'는 것부터 '관계없다' '해롭다'는 것까지 큰 차이가 있고, 가중치를 고려하지 않은 전체 결과의 평균은 법인세율 10퍼센트포인트를 인하하면 경제 성장률을 0.2퍼센트포인트 높이는 효과가 있다는 것이다. 이는 매우 미약한 수준이다. 이 논문이 메타분석을 통해 기여한 점은 법인세율 인하가 경제 성장을 제고한다는 출판 편향의 근거를 제시한 것이다. 출판 편향은 통계 분석 결과가 연구자의 이론적 가설을 지지하는 경우만 선별적으로 공개하는 행태를 말한다. 이를 바로잡으면 법인세율 인하가 성장에 미치는 효과는 0이라고 할 수 있다.

명목 세율 하향 조정은 기업이 투자를 하지 않아도 무조건 하는 것이고, 투자에 대한 세금 공제는 투자를 전제로 세금을 줄여준다는 것이니, 직관적으로 기업이 투자 규모를 통해 반응할 가능성은 후자에 대해 훨씬 높다고 볼 수 있다. 앞서 설명한 대로 우리는 이미 통합 투자 세액 공제 제도를 통해 기업에 충분한 투자 관련 세금 공제를 제공하고 있다. 법인세 명목 세율 인하는 투자를 움직일 수 없다.

정리하면 법인 소득에 낮은 세율로 특혜를 주는 것이 경제적 정당성을 확보하려면 몇 가지 조건을 충족해야 한다. 우선 법인세 인하가 경제에 도움이 돼야 한다. 즉 투자와 일자리 창출을 통해 경제 성장을 촉진해야 하는 것이다. 그리고 이런 효과가 감세로 인한 세수 감소, 그리고 이에 따른 정부 지출 감소가 야기하는 성장 저해 효과보다 커야 한다. 정책 수단 시행의 기회비용을 감안해야 하기 때문이다. 마지막으로 법인세 인하와 그로 인한 성장의 혜택을 모든 소득 계층, 특히 저소득층과 나눠야 한다는 것이다.

과연 우리의 현실에서 이 세 가지 조건을 만족하는가? 성장의 혜택이 저소득 계층에도 미치는가? 법인세 인하가 투자를 늘리고, 늘어난 투자가 새로운 일자리를 창출하는가? 연구 결과에 따르면 그렇지 않다. 즉 법인세 인하의 투자 및 외국 자본 유인 효과, 경제 성장 촉진 효과에는 실증적 근거가 없는 것이다. 많은 투자가 일자리를 대체하는 성격이라는 점을 감안하면 법인세 인하의 명분은 더 약해진다.

기업의 투자에 영향이 없으므로 법인세율을 마구 올려도 된다는 말은 아니다. 다만 국가 재정 유지를 위한 비용을 계층 간 응능 과세 원칙에 입각해 적절히 나눠 내자는 것이며, 특히 적자 재정이 국가적 현안으로 등장한 시점에는 더 그래야 한다. 기업은 효율성(예: 투자·고용 창출)을 위해 형평성을 희생하라고, 즉 부자 감세를 수용하라고 계속 요구하지만, 법인세율 인하로 투자가 증가하지 않고 투자가 이뤄져도 오히려 고용이 줄어드는 현실(설비 투자로 인력 대체)을 들여다보면, 경제적으로 그런 주장이 설 기반은 이 땅에 없다.

사회의 경제 발전 속도는 그 사회의 효율성이 좌우한다. 그런데 형평성을 확보하지 못한 사회는 효율적으로 움직일 수 없다. 한국 사회에서 형평성을 심각하게 훼손하는 것은 낮은 법인 과세다. 법인세 최고 세율을 25퍼센트로 환원하면서, 최고 세율을 적용하는 과세 표준 구간을 낮추고 단순화해야 한다. 기본 세율 체계를 2~3단계로 줄이되 법인세 공제·감면 중 최저한세를 적용하지 않는 항목을 축소하고, 과세 표준 3000억 원 초과액에 적용하는 최저한세율을 상향 조정해야 한다.

법인세제와 신산업정책

우리나라는 1970~1990년대에는 중화학 공업, 그 후에는 전자 기기·자동차·반도체 등 첨단 제조업을 중심으로 발전해왔다. 향후에는 인공지능·모빌리티·청정 에너지·바이오 및 제약, 그리고 반도체·전기차와 같은 분야가 성장할 것이라는 중론이다. 그러나 이런 분야에서 과연 어떤 기술이 실현될지 큰 불확실성이 존재한다.

향후 세계 경제의 산업 및 생산 판도에서 큰 변화를 경험하는 중요한 시기가 펼쳐질 것이다. 어느 나라에서 어떤 규모로 중요한 가치를 창출할 것인가? 각국 경제 구조는 크게 변화하게 된다. 세계 경제에서 현재 위치를 유지하고 개선하려면 경제와 산업의 혁신이 일어나야 한다. 신산업정책을 숙고해 대응해야 한다.

우선 수정해야 할 부분은 우리 정부가 최우선으로 지원하기 위해 국가전략산업으로 지정한 분야다. 반도체와 같은 이들 산업 분야에 대해 세계 최강의 제조업 강국들이 투자 유치에 전력하고 있다. 장기적으로 보면 공급 과잉이 될 우려가 크다. 우리와 같이 소규모 개방 경제를 추구하는 나라, 규모의 경제에서 불리한 나라가 국가의 자원을 모두 공급 과잉 가능성이 높은 분야에 지원하는 것은 전혀 합리적이지 못하며 위험한 일이다.

최근 정부는 국가전략산업을 강조하며 용인 반도체 단지 조성을 적극 지원하겠다고 했다. 이미 국제 경쟁력을 갖췄고, 수백조의 현금성 자산을 가진 업계에 국가가 나서 특혜를 더 주겠다는 것도 논리적이지 않은 일이다.

신산업정책에서는 국가가 지원할 산업 분야의 선정도 중요하지만, 지원의 강도와 방식을 숙고할 필요가 있다. 대상 산업 분야를 선정할 때 미래의 불확실성을 반영해, 지원 범위를 좁은 특정 산업 영역이나 기술로 한정하는 방식을 지양해야 한다. 지원 대상은 가능하면 넓은 범위로 정의하는 것이 바람직하다.

현재 통합 투자 세액 공제 제도에서 규정하는 국가전략기술의 범위에는 반도체·2차 전지·백신을 포함한 바이오 산업, 디스플레이, 수소, 미래형 이동 수단 등이 들어간다. 최근 시행령 개정으로 백신 이외의 바이오 산업을 추가한 것은 바람직한 방향으로 보인다. 미래에 백신을 제외한 바이오 및 제약 분야에서 중요한 기술이나 가치를 창출하지 못할 것이라고 아무도 말할 수 없기 때문이다. 같은 맥락에서 전기·전자 산업의 많은 품목 가운데 디스플레이만 국가전략기술에 포함시킨 것은 논리적 근거가 부족하다.

더 중요한 것은 현재 국가전략산업에 들어가는 분야 모두 설비 투자가 많이 필요하다는 것이다. 정부 재정 지원을 설비 투자에 집중한다는 것은 지식 재산권이나 인적 투자의 중요성이 큰 소프트웨어 산업 등에는 상대적 불이익을 의미한다. 우리가 반도체 산업 중 제조에서 강세지만 설계나 팹리스는 해외에 크게 의존하는 현실은 정부 지원의 부정적 측면을 잘 설명해준다. 기억해야 할 점은 미래에는 하드웨어보다 소프트웨어 산업의 비중이 더 커지고, 더 많은 부가가치를 창출할 가능성이 높다는 것이다.

세계 경제의 불확실성을 감안해 국가전략산업의 범위를 넓게 설정한다면 정부의 지원 강도는 약화하는 것이 바람직하다. 정부의 재정 여력을 감안할 때 그것 외에 대안이 없을 것이다. 투자 세액 공제 제도는 한시적인 것이므로 연장하지 않고, 대기업의 경우 국가전략산업에 대한 세제 지원을 5퍼센트 수준으로 낮추는 것이 바람직하다.

어떤 산업 분야가 미래에 중요할 것이고 정부 지원이 필요한데, 해당 분야 기업들이 투자를 위한 자체적 자금 조달이 어려워 정부가 제공하는 세액 공제 혜택을 받을 수 없다면, 정부는 세액 공제 지원 대신 예산을 활용해 보조금을 지급할 필요가 있다. 미국이나 EU가 이런 방식을 선택했다.

그러나 이 경우 공정성이나 도덕적 해이 문제가 발생할 수 있으므로, 정부는 기업에 보조금 지급의 반대급부를 요구해야 한다. 미래 유망 업종인 기업의 투자 자금 조달이 어렵다면 정부가 필요한 투자액 중 일정 비율을 보조금으로 지급하되, 기업은 투자 후 정해진 기간이 지난 다음, 가령 5년 후부터 얻는 이익에서 정부가 준 보조금과 같은 비율을 국가에 납부하는 것이다. 즉 국가는 투자에 참여한 만큼 이익 배분에도 참여한다. 기업에도 일정한 유예 기간을 제공하므로 여전히 혜택이다.

부가가치세와 소비세

소비세는 소득세와 대비해볼 수 있으며, 일반 소비세와 개별 소비세로 나눈다. 개별 소비세에는 일반 소비세인 부가가치세를 제외한 소비세 분야의 모든 세목이 들어간다. 우리나라에서는 주세, 담배 소비세, 교통·에너지·환경세, 인지세, 증권 거래세가 여기에 해당하며 좁은 의미의 개별 소비세인 특정 세목으로서 개별 소비세도 들어간다. 부가가치세와 개별 소비세의 과세 대상은 소비하는 재화이므로 납세자들의 소비 행위와, 연관한 다른 경제 행위에 모두 영향을 준다.

재원 조달 수단으로서 소득세와 소비세

소비세의 일반적 특성은 납세자들이 세 부담을 소득세보다 약하게 자각하기 때문에 조세 저항도 약하고, 따라서 수입을 얻는 재정 조세로 적절하다는 점이다. 그러나 정부가 이런 소비세의 성격을 남용해서는 곤란하다. 소비세 비중이 커지면 조세 체계 전체의 역진성이 강해지기 때문이다.

소비세의 다른 긍정적 측면은 과세 표준 산정이 용이하기 때문에 조세 운영비가 소득세에 비해 낮다는 것이다. 자주 거론하는 또 한 가지 특성은 소비세가 소득세보다 시장을 덜 왜곡한다는 것이다. 하지만 이는 소득세 체계가 일반적으로 누진 세율인 데 비해 소비세 체계는 단일 세율이기 때문이다. 소득세가 단일 세율일 경우 똑같이 단일 세율인 소비세가 더 효율적이라는 경제적 근거는 없으며, 시장 왜곡은 소득세나 소비세의 문제가 아니라 세율의 누진 구조에 내재한 문제일 것이다. 그러나 현실을 보면 부가가치세 표준 세율이 10퍼센트이긴 해도, 개별 상품의 품목별로 부가가치세를 면세하는가 하면 부가가치세 외의 개별 소비세를 추가로 부과하는 품목도 많다.

소비세는 품목별로 다른 세율 체계를 적용하기가 어렵지 않기 때문에 유용한 정책 수단이 될 수 있다. 예를 들어 공해를 유발해 사회적 비용을 가중하는 재화 소비에는 교정세(피구세)로 중과해 사회 전체의 효용을 늘릴 수 있으며, 부유층이 주로 소비하는 사치재에 높게 과세해(사치세) 소득 재분배를 꾀할 수도 있다.

인구의 고령화, 소득의 양극화, 국가 재정 확보의 필요성, 게다가 최근 감세 정책으로 인한 세수 부족 현상까지 겹치면서 향후 세원 확보의 중요성이 두드러진다. 이런 상황에서 부가가치세는 기업의 투자나 개인의 저축이 아닌 개인의 소비에만 과세하므로, 부가가치세율 상향 조정을 통한 증세가 국민 경제의 효율성 측면에서 바람직하다는 논리가 등장한다.

그런데 이론과 달리 국가 경제에서 실제로 부가가치세를 부과할 때는 투자에도 하는 경우가 흔하다. 예를 들어 공공 부문이나 비과세 기업의 투자는 환급이 불가능하므로 결과적으로 부가가치세를 일부 부담하는 것이다. 또한 소득세나 법인세 체계에도 투자에 대한 여러 조세 지원책이 있으므로, 소득세·법인세보다 부가가치세를 늘리는 것이 기업 투자에 유리하다는 논리는 설득력이 부족하다.

부가가치세가 기업의 활동에 부담을 주지 않는다는 시각은 부가가치세를 소비자가 부담한다는 점에 기초한다. 그러나 부가가치세는 사업자가 납부하지만 소비자가 부담하는 것이라는 입법권자의 의도와는 달리, 실제 경제적 부담은 시장에서 공급자와 소비자의 힘에 따라 달라진다. 소비자의 경제적 힘이 강하면 공급자는 부가가치세의 세율 인상분을 스스로 부담하거나 근로자·원자재 공급자에게 전가한다. 또한 기업은 당사의 이윤에 부과되는 법인세의 부담을 시장에서 소비자나 공급자에게 전가할 수 있다면 언제든지 그렇게 한다.

결국 부가가치세와 법인세는 효율성 측면에서 큰 차이가 있을 수 없다. 두 가지 모두 기업이 납부하는데, 과세 당국이 어떤 명목으로 세금을 걷든 다른 경제 주체에게 전가하지 못하고 스스로 부담해야 한다면 기업에게는 그 세목보다 액수가 중요할 것이다. 부가가치세든 법인세든 소비자에게 전가하지 못하면 기업에게 짐이 되고, 소비자에게 전가되면 물가 및 임금 상승·내수 감소로 이어지는데 이 또한 수요 측면에서 기업에 부담을 주고 경제 성장을 저해한다.

따라서 시장 경제가 잘 작동해 세 부담을 쉽게 전이할 수 있는 경제 체제에서 소득세·법인세·사회 보장세 같은 직접세와 부가가치세 중 어느 것이 경제 성장에 더 유리한지 이론적으로 판단하기 어렵다. 결국 잘 고안한 경제 모델을 바탕으로 두 경우를 모두 시뮬레이션해 예측해야 한다.

소득세·법인세보다 부가가치세가 효율 비용 측면에서 우월하다는 우리나라 조세 제도의 추정과 관련해, 연구 결과는 세 부담 전가의 현실을 반영하지 못하고 있는 것으로 보인다. 즉 부가가치세율이 재화 가격을 모두 반영하기 때문에 세 부담은 소비자에게 전부 귀착한다는 전제로 전체 경제 구조에 대한 모델을 설정했고, 따라서 여기서 도출한 조세 효율 비용에 대한 결론은 현실과 유리될 수밖에 없다. 이런 연구 결과에 기초하면 소득세·법인세와 비교해 부가가치세의 경제적 효율성을 과대평가하게 된다.

부가가치세율 인상과 관련해 제일 우려스러운 사안은 특히 민간 부문에서 경쟁적 물가 인상의 계기가 될 수 있다는 것이다. 우리나라에서는 지금까지 부가가치세율을 인상한 사례가 없으므로 대신 외국의 경우를 보면, 독일은 부가가치세를 도입한 이래 그 세율을 여러 차례 소폭 인상한 바 있다. 가장 최근에는 2007년 1월 1일부터 부가가치세 표준 세율을 16퍼센트에서 19퍼센트로 인상했는데, 이로 인해 물가가 오르지는 않은 것으로 보고했다. 따라서 부가가치세율을 인상할 때 중앙은행이 화폐 정책으로 신중하게 대처해나가면 물가 상승에 대한 우려는 접어둘 수도 있다. 물론 중앙은행의 화폐 정책은 인플레이션뿐만 아니라 경기도 함께 고려하므로 단순하게 보기 어려운 측면이 있다.

그러나 의지가 있다면 부가가치세율은 인상하면서 물가 상승의 압력은 잠재우는 것이 불가능하지는 않은 것으로 보인다.

부가가치세와 법인세의 본질적 차이는 효율성이 아니라 형평성 측면에 있다. 부가가치세의 경제적 효과는 소비자의 소득과 역진적으로 작용한다. 이 때문에 부가가치세율 인상은 소득 분배와 관련한 문제를 야기할 수 있다. 저소득층은 낮은 소득 수준으로 인해 소득의 대부분을 소비에 할애하고 저축할 수 있는 여력이 적다. 따라서 이들은 부가가치세 인상에 더 큰 부담을 가지고, 특히 자녀가 많은 가정에 더 불리하게 작용해 저출생 시대에 문제가 될 수 있다. 부가가치세율 인상이 표준 세율이 낮은 우리나라의 세수 증대를 위해 현실적 대안으로 대두하더라도, 소득에 역진적인 부가가치세의 성격을 보완해주는 조처를 반드시 동반해야 한다.

일반적으로 소득이 증가할수록 한계 소비 성향은 낮아진다는 점을 감안하면 세수 중립적인 부가가치세율 인상의 경우를 가정해도, 소득에 역진적으로 작용하는 세제는 전체 경제의 소비 수요 감소를 유발해 경기에 부정적 영향을 미친다. 그러나 복수 세율 제도를 도입해 부가가치세율을 인상하는 동시에 생활필수품 등에 대한 경감 세율을 적용하면, 소득 분배의 역진성 문제에 잘 대처할 수 있다. 예를 들어 부가가치세 표준 세율을 12퍼센트로 인상하면서 주요 생필품의 부가가치세율을 8퍼센트로 인하하면 부가가치세의 소득 분배에 대한 역진성 문제는 해결할 수 있을 것으로 보인다. 다만 이런 경우 복수 세율에 수반하는 징세 및 납세 순응 비용 증가는 감수해야 한다. 현재 OECD 국가는 대부분 복수 세율 구조를 택하고 있다.

우리나라 부가가치세 표준 세율은 10퍼센트로, 유럽에서 부가가치세를 활용하고 있는 주요 3국인 영국·프랑스·독일과 비교해 절반 수준이다. 이들 3국은 20퍼센트 정도의 부가가치세 표준 세율을 도입했다. 이에 비해 우리나라의 부가가치세는 경감 세율을 활용하지 않기 때문에 실효 세율의 차이가 적다. 김유찬(2016)의 연구에 따르면 한국의 부가가치세 실효 세율 수준은 유럽 3국의 69퍼센트 정도다. 또 이들과 비교할 때 우리나라 부가가치세의 세 부담이 낮다고 해도 소득세·법인세의 세 부담도 낮기 때문에, 전체 세수에서 소비세 비중이 적은 국가라고는 할 수 없다. 즉 현재 한국의 부가가치세율은 낮은 수준이지만, 전체 세수에서 법인세·소득세로 대표하는 소득세 분야의 세수 기여도와 부가가치세, 교통·에너지·환경세, 주세, 담배세 등 소비세 분야의 세수 기여도는 균형을 이루고 있다. 부가가치세율을 높여 정부 지출의 재원으로 사용해야 한다는 주장은 소득 역진적 성격인 소비세 분야의 세수 기여도를 현재보다 높여, 공정하지 못한 세 부담 구조를 만들 수 있다는 점에 유의해야 한다.

부가가치세 면세와 경감 세율

위에서도 밝혔듯 부가가치세를 시행한 지 오래된, 영국·프랑스·독일과 같은 유럽 국가들에서는 부가가치세율이 20퍼센트에 육박하는 데 비해, 우리나라의 부가가치세 표준 세율은 오랫동안 10퍼센트에 머물고 있다. 부가가치세율 상향 조정을 통해 필요한 만큼 증세하는 것이 바람직하다는 주장은 이런 해외 사례에 근거한다. 그러나 세율의 수평 비교 차원을 넘어 들여다보면 결론은 좀 달라야 한다. 부가가치세에는 면세 제도가 있으며, 이 제도의 왜곡 효과가 크기 때문에 여기서 발생하는 비효율이 심각하다.

부가가치세의 효율 비용을 현실적으로 판단하려면 면세 제도로 인한 비효율의 수준을 같이 고려해야 한다. 외국 연구에서는 유효 부가가치세율을 추정해 이를 가늠하는 경우도 있다.[1] 유효 부가가치세율은 면세 제도로 인해 매입 세액이 충분히 환급되지 않아 생기는 추가적 세 부담을 법정 부가가치세율에 더한 개념으로, 그 자체로 면세 제도의 비효율성에 대한 지표가 되고, 부가가치세의 전가와 귀착을 연구할 때 출발점으로서 의미가 있다.

우리나라와 영국·독일·프랑스 등 주요 EU 국가들은 부가가치세 법정 세율이 크게 다르나, 이보다 중요한 것은 법정 법인세율과 유효 법인세율의 차이가 얼마만큼인지다. EU 국가들은 우리나라와 달리 면세 제도는 나라별로 다소 좁게 설정하면서도 여기에 경감 세율을 덧붙여 적용하는 체계다. 이런 경감 세율의 효율 비용과 면세 제도의 효율 비용을 비교해보는 데는 중요한 의미가 있다. 국제통화기금(IMF)과 같은 국제기구에서 우리나라 부가가치세 제도의 10퍼센트 단일 세율이 매우 훌륭하고 효율적인 제도라며 극찬하고 있는데, 이 평가가 적합한지 판단해볼 수 있기 때문이다. EU 국가들의 경감 세율은 면세 제도와 달리 매입 세액 공제를 해주기 때문에, 누적 과세 효과(cascading effect)가 발생하지 않고 효율 비용이 오히려 적을 수도 있다.

또 하나 고려할 사항은 최근 부가가치세 징수 과정에서 탈세 문제가 크게 부각되고 있다는 점이다. 부가가치세 제도 시행 이후 시간이 경과하면서 특정한 조세 포탈 유형이 발전하고 있다. 부가가치세 징수 체계가 금지금에 부가가치세를 부과할 때 수출에는 영(0)세율을 적용하는 점을 악용하는 탈세에 취약함이 드러난 것이다. 이런 탈세로 엄청난 액수의 세수가 유실되고 있다. 이런 부가가치세의 환급 사기는 국고로 들어와야 할 세수가 들어오지 않는 데 그치지 않고, 다른 납세자들이 낸 세수가 환급 체계를 통해 탈세범들에게 유출된다는 점에서 문제가 심각하다. 이런 형태의 부가가치세 탈세가 유럽과 우리나라 모두에서 금지금에 그치지 않고 광범위하게 발생하고 있어, 부가가치세 자체는 물론 큰 장점으로 여기던 매입 세액 공제 제도를 통한 세금 계산서의 상호 검증(cross-check) 기능도 심각하게 회의하는 상황이다.

소득세 부담이 야기하는 경제적 왜곡에 비해 부가가치세로 인한 경제적 왜곡이 가볍다는 주장이 있는데 이것도 쉽게 결론지을 수 없으며, 조세 체계를 선택할 때 고려하는 기준이 경제적 왜곡의 정도뿐인 것도 아니다. 이렇게 보면 재정 조세로서 부가가치세를 강화해 소득세의 부담을 넘긴다는 발상은 그다지 발전적이지 않다.

부가가치세 면세 제도가 존재하는 이유는 소비세에서 일반적으로 나타나는 세 부담의 역진성을 완화하기 위한 것이다. 한편 이 제도의 문제점은 소비자 선택을 왜곡함으로써 자원 배분의 중립성을 저해하는 것이다. 또 중간 단계 사업자에 대한 면세로 누적 과세 효과가 발생한다. 따라서 소득 분배의 역진성 문제만 아니라면 면세 범위는 가능한 한 축소하는 것이 원칙이다.

우리나라는 면세를 OECD 표준 범위에 비해 넓게 허용하고 있다.

OECD에서는 조세 제도의 효율성을 중시하므로 회원국들이 부가가치세 면세 범위를 OECD 표준 수준으로 줄이는 것을 바람직하게 본다. 그러나 영국·프랑스·독일을 기준으로 보면 실제는 나라별 차이가 있다 해도 OECD 표준과 매우 다르다. 우리나라와 OECD 국가들의 면세 제도, 특히 영국의 영세율을 비롯한 여러 제도와 프랑스의 의약품 저율 과세, 그리고 여러 회원국의 경감 세율을 수평으로 비교하면 우리나라의 면세 범위는 그다지 넓지 않으며, 소득 분배의 역진성에 대한 배려는 오히려 부족한 것으로 보인다.

부가가치세는 간접세로 납세자의 개인적 상황을 반영하기 어렵다는 특성이 있고 소득에 역진적인 세 부담을 부여하기 때문에 소득세와는 다른 소득 재분배 요소가 있다. 복수 세율 구조와 면세 및 영세율 제도가 그것이다. 대부분의 EU 국가는 생필품과 같은 품목에 대해서는 복수 세율 구조를 통해 경감 세율을 적용한다.

부가가치세 체계에서 특정 재화를 과세에서 제외하는 방법은 일반적으로 두 가지, 즉 면세와 영세율의 적용이다. 면세 제도는 소비에서 나타나는 담세력과 관련해 부가가치세의 역진성을 시정하는 정책적 기능을 한다. 영세율 제도는 원래 간접세의 소비지국 과세 원칙(消費地國課稅原則, destination principle of taxation)에 입각해 수출하는 재화에 적용하는 것이다.

EU에서 독일과 같은 나라는 수출품 및 수출과 유사한 경제 행위에 대해서는 영세율을 적용하고 그 외 일부 분야에는 면세 제도를 적용하는데, 이는 우리나라와 비슷하다. 반면 영국과 아일랜드는 수출을 비롯해 유사한 경제 행위 이외의 분야에도 영세율을 광범위하게 적용하며, 예를 들면 아동들이 주로 소모하는 재화를 대상으로 한다.

영세율의 경우 매입 세액 공제를 허용하기 때문에 최종 소비재의 부가가치세 부담이 완전히 없어지는 반면, 면세의 경우 대상 재화를 공급하는 사업자가 매입액에 포함된 세액을 환급받지 못하므로 부가가치세 부담은 부분적으로만 줄어드는 셈이다. 따라서 면세의 효과는 마지막 단계에서 창출하는 부가가치가 생산 가격에서 차지하는 비율에 따라 달라진다. 예를 들어 의사에게 지불하는 진료비의 약 60퍼센트가 의료 장비·사무용품 구입에 들어간다면, 이는 의료 서비스에 6퍼센트의 부가가치세율을 적용하는 것과 같은 경제적 작용을 한다. 의사가 자신이 구매한 물품에 포함된 매입 부가가치세를 환급받지 못하기 때문이다.

부가가치세 면세에는 소비자가 실제로 제공받는 재화 중 일부에만 적용한다는 사실보다 더 심각한 문제가 있다. 부가가치세를 매기는 재화의 생산 과정에 많은 면세 재화를 매입 재화로 투입하는 경우, 이렇게 생산한 최종 소비 재화에 대해 과세 매입 재화만 투입한 경우보다 더 무거운 부가가치세를 부담하게 된다는 것이다(누적 효과). 앞의 의료 서비스 예시에서 설명한 바와 같이, 면세 재화도 부가가치세 부담을 일부 포함하는데 이 부담은 매입 재화로 투입하는 경우 환급 대상이 되지 않기 때문에 최종 재화의 생산자가 지게 되는 것이다. 따라서 세 부담의 전가 및 귀착 과정에서 가격 왜곡 효과가 발생한다.

이런 효과는 극히 예외적인 경우에만 있는 것이 아니다. 우리나라에는 관련 연구가 없지만 독일의 연구 결과(Gottfried & Wiegard, 1991)에 따르면 유효 부가가치세 부담의 63퍼센트는 소비재, 21퍼센트는 중간

재, 16퍼센트는 투자재에서 발생한다. 이렇게 보면 전체 부가가치세 부담 중 37퍼센트가 누적 효과를 야기하는 것이다.

면세 제도는 부가가치세의 명분과 정당성을 손상한다. 또한 면세 재화와 과세 재화의 공존으로 인해 부가가치세 부과 절차도 매우 복잡해진다. 매입 세액 공제 비율을 인위적으로 설정해 문제를 해결해야 하는 경우도 있기 때문에 징세 및 납세 협력 비용이 높다.

효율적이고 공정하면서도 제대로 기능하는 부가가치세 제도를 만들려면, 모든 면세 대상 품목을 과세로 전환하되 여기에 경감 세율을 적용해야 한다. 과세를 강화하는 조세 제도의 변화에 국민들은 강력히 반대할 것이다. 그러나 면세에서 경감 세율로 전환은 사실 과세를 강화하는 것이 아니다. 의료 및 교육 서비스·미가공 식료품에 4퍼센트의 세율로 과세한다면, 과세 대상 매입 재화 비중이 매출액의 40퍼센트를 넘는 사업자는 오히려 부가가치세를 환급받아 부담이 줄어들게 된다. 면세 대상 품목을 경감 세율 적용 품목으로 전환하면 세 부담을 늘리지 않으면서도 기존의 면세 영역을 과세 영역으로 통합하고, 부가가치세 과세 거래의 상호 검증이 비로소 온전히 기능할 토대를 마련할 수 있다.

10

부동산에 대한 과세

부동산 시장에서 작동하는 정책 수단으로서 대출 규제와 세제는 각각 다른 기능이 있다. 대출 규제는 즉각적 수요 규제 효과를 볼 수 있는 정책 수단이지만, 시장의 가격 변동을 넘어 부동산 시장의 장기적 자원 배분에 영향을 주지는 못한다. 반면 잘 정착한 부동산세제는 부동산의 장기적 미래 수익 전망에 영향을 줘 자원의 효율적 배분에 기여한다.

우리나라 부동산 시장, 무엇이 특별한가

문재인 전 대통령은 재임 시절 부동산 시장의 가격 상승은 우리나라 만의 현상이 아니고 상승 비율은 오히려 다른 나라들에 비해 낮은 편이라고 했다. 문 전 대통령은 부동산 시장의 가격 급등이 그 시기 전 세계에서 보편적이었고 한국만의 특별한 현상이 아니라는 말을 하고 싶었을 것이다. 코로나 위기로 유동성이 거의 무제한이던 시기에 대부분의 나라에서 부동산 가격이 급등했다. 조금 더 오르거나 덜 오른 정도의 차이를 따지는 일은 중요하지 않다. 우리나라 부동산 시장에 어떤 특별한 점이 있는지, 사람들이 부동산 정책의 어떤 점이 부족해 분노하는 것인지 명확히 파악하는 것이 중요하다.

외국에서도 부동산 문제가 선거에 중요한 이슈로 등장할 때가 있다. 그러나 이는 보통 대도시를 중심으로 임차인 보호와 관련한 입법 갈등이 지방 선거에서 표심을 가르는 경우이며, 우리나라처럼 중앙정부를 결정하는 선거에서 부동산 문제가 등장하는 경우는 찾아보기 어렵다. 국민이 다른 사안을 모두 제치고 부동산 시장에서 벌어지는 일을 제일 큰 위험으로 느끼는 나라는 한국이 거의 유일하다는 것이다. 무엇이 특별한가? 부동산이 가계 총자산에서 차지하는 비중이 절대적으로 크고(약 80퍼센트) 계층 간 자산 불평등이 심하다는 사실(상위 10퍼센트가 자산의 58.5퍼센트 보유)이 우리 국민이 다른 나라보다 부동산 시장의 가격 변화에 예민할 수밖에 없는 상황을 잘 설명해준다.

특이한 점은 국가별로 비교할 때는 한국의 임차 거주율이 OECD 평균보다 높은 편인데, 도시별 비교에서는 그렇지 않다는 것이다. 다른 주요국의 대도시에서는 임대 주택에 거주하는 사람들의 비율이 높은데, 서울에서는 자택 거주자가 절반 가까운 비율을 차지한다. 임차인들에게는 주택 가격보다 임차 비용이 중요한 관심사겠지만, 자가 거주자나 주택 구매를 계획하는 사람들은 주택 가격에 더 민감할 수밖에 없다.

물론 부동산 가격 급등 자체가 정책 실패의 결과는 아니다. 그것은 세계적 현상이었다. 그러나 정책 실패가 가격 급등의 원인이라는 비난은 지나치다 해도, 시기적으로 늦은 정책 수단 투입과 정책 실행력 부족은 분명 시장의 가격 급등을 방조하고 서민의 주거 생활에 어려움을 야기한 측면이 있었다.

정책 실패의 원인이 부동산 공급에 있는 것으로 보이지는 않는다. 주택 공급이 이전 정부보다 양적으로 부족하지는 않았다. 거시 경제 여건에 따라 부침이 있는 시장 상황에서 부동산 정책의 초점은 공급 확대보다 수요 조절에 둘 수밖에 없다. 가격이 상승할 것으로 전망하면 실거주자 수요보다 다주택자 수요가 더 빠르게 늘어나며 부동산 시장의 가격 상승을 부채질한다. 빠르게 변하는 수요에 맞는 공급은 공급의 장기성·시차성으로 인해 불가능하다. 정부가 펼 수 있는 공급 정책은 장기적 시계에서 수요의 추세, 즉 구조적·지역적 변화를 감안하면서 매년 일정한 수준의 주택 공급이 가능케 하는 것이다.

임대차 3법으로 불안해진 전세 가격이 부동산 가격 상승을 부추겼다는 지적도 있으나, 이 또한 정책 실패의 영역에 포함시키기는 어렵다. 전세 가격 상승은 충분히 예상할 수 있는 일이었고, 정부로서는 임차인 보호를 위한 임대차 3법 도입을 미루기 어려웠다. 임대차 3법을 도입한 결과로 계약 갱신이 가능한 임차인은 혜택을 보고 새로운 당사자와 계약한 임차인은 인상한 전세 보증금을 부담하게 됐으나, 이는 임대차 3법으로 인한 것이 아닌, 부동산 매매 가격 상승의 후속 효과일 뿐이다.

부동산 시장에서 조세 정책의 역할

부동산이 2022년 대선의 향방을 갈랐다고 말하는 사람들이 있다. 시장을 안정시키는 효과도 없는 세금으로 주택 소유자들을 죄인 취급하고 그 역풍으로 선거에서 패배했다는 것이다. 세금은 부동산 시장을 안정시키지 못하는가?

시장 중심의 부동산 정책을 요구하는 이들이 있다. 그런데 시장에서 항상 수요와 공급이 원활하게 작동해 균형 있는 거래량과 가격을 찾아가는 것이 아니다. 수요와 공급이 지나치게 탄력적이어도, 지나치게 비탄력적이어도 문제가 발생한다. 그렇기에 시장의 여러 제약 조건을 충분히 고려해 시장이 잘 기능하도록 하는 정책을 펼쳐야 하며, 이것이 제대로 된 시장 경제다. 조세 정책은 시장의 실패를 보완하기 위해 국가가 투입하는 정책 수단이다.

부동산 시장은 불안정성이 심한 시장에 속한다. 공급의 비탄력성 때문이다. 세계 어디서나 아파트나 개인 주택을 지어서 공급하는 데는 수년의 시간이 걸린다. 우리나라처럼 택지가 부족해 정부가 나서 대규모 택지를 개발하고, 이를 건설업체에 넘기고, 분양 과정을 거쳐 입주시키는 방식은 더 긴 시간이 필요하다. 우리나라는 인구 대부분이 수도권에 거주한다. 수도권은 택지 부족 문제가 심각하고, 이런 제약으로 인해 공급의 비탄력성이 다른 나라보다 더 강해진다.

계획부터 입주까지 시간이 오래 걸리기 때문에, 계획 시기의 예상과 달리 주택 공급기에는 오히려 수요가 침체해 분양이 어려운 경우도 우리는 많이 경험했다. 이때 정부는 경기 침체를 우려해 미분양 물량을 소화하고자 세금 공제나 대출을 권유한다. 빚내서 집 사라는, 향후 부동산 가격이 더 하락하는 경우 개인들에게 어려움을 야기하며 책임 질 수 없는 정책을 펼치는 것이다. 이럴 때 시장 중심을 강조하는 부동산 전문가들이 정부의 지원이 필요 없다고, 시장에 맡겨두라고 나서는 경우를 본 적이 없다.

주택 수요는 공급에 비해 미래의 가격 전망에 따라 탄력적으로 변화하므로, 정책 수단을 수요 조절에 두지 않을 수 없다. 공급이 비탄력적이므로 쉽게 가열되는 수요를 적절히 제어하지 않으면 거래량의 작은 변화에도 가격 변동이 크다. 매매 가격의 변동성은 전월세 가격과 서민들의 주거 생활에 영향을 미친다.

부동산 시장의 상황을 결정짓는 가장 중요한 요인은 이자율 수준이다. 이것이 주택 비용을 좌우하기 때문이다. 다만 이자율 수준을 결정하는 한국은행은 주택 시장만 염두에 둘 수 없고, 전체 경제 상황과 해외의 이자율 수준을 고려할 수밖에 없다. 따라서 정부는 부동산 시장의 가격 안정을 위한 금융 정책 수단으로 금리보다 대출 규제에 의존하게 된다.

대출 규제는 즉각적 수요 규제 효과를 얻을 수 있는 정책 수단이다. 그러므로 단기적인 부동산 시장 규제 수단으로 적절하다. 단 금융 기관의 행위를 정책적으로 통제할 수 있다는 전제가 있어야 한다. 금융 기관은 안전한 수익이 보장되는 주택 담보 대출을 포기하지 않으려고 한다. 정부의 의지가 부족하거나 금융 감독 당국이 금융 기관에 포섭당하면 실효적 대출 규제가 이뤄지지 못할 수도 있다.

이 장 첫머리에서 밝혔듯 부동산 시장에서 작동하는 정책 수단으로서 대출 규제와 세제는 기능이 다르다. 대출 규제는 즉각적 수요 규제 효과를 볼 수 있지만 부동산 시장의 장기적 자원 배분에 영향을 주지는 못하는 데 반해, 부동산세제는 잘 정착하면 부동산의 수익에 대한 장기적 전망에 영향을 줌으로써 자원의 효율적 배분에 기여할 수 있다.

조세 정책이 이미 가열된 부동산 시장을 안정시키기는 어렵다. 그러나 잘 정착해 납세자들의 머릿속에 상수로 자리 잡은, 적정한 수준의 보유세·양도세·취득세는 시장이 이자율 변화에 따라 불안정하게 변하는 길목에서 이를 안정시키는 역할을 할 수 있다. 양도 소득세는 부동산 투자자의 수익률 전망을 낮춰 투자를 자제하게 한다. 취득세는 빈번한 거래에 부담을 주고, 종부세는 소득 수준에 비해 과도한 부동산 보유에 비용을 부과한다.

양도 소득세제는 개인 투자자들에게 양도 소득을 목적으로 (다)주택 보유나 임대 사업에 뛰어들 유인을 주지 않게끔 만들어야 한다. 1주택과 다주택의 구분이나 양도 소득 규모와 관계없이 한 사람에게 평생 적용하는 양도 소득 공제액(예: 3억 원)을 설정하는 방식이 바람직하다.

양도 소득세는 양도 소득이 실현되어야 과세되기에, 납세자들은 양도세율이 완화될 때까지 매각을 미룰 수도 있다. 종부세는 그 부담이 보유 기간에 비례하는 속성을 통해 양도세의 약점을 보완해준다. 중요한 것은 이런 세제가 납세자들의 의식 속에 잘 착근하도록 시간을 줘야 한다는 것이다. 주택 시장 안정에 가시적 효과가 있으려면 조세 정책을 10년 정도 일관성 있게 추진해야 한다.

대출을 규제하면 기회는 소득과 담보 자산이 충분한 이들에게 주어지기 때문에, 자산 불평등을 강화하는 기제로 작용하게 된다. 대출 규제가 종부세를 대체할 정책 수단이 되기에는 단점이 뚜렷한 것이다.

언론은 새롭게 종부세 납세자가 되거나 세액이 급증한 사람들, 그리고 자산에 비해 소득이 취약한 사람들이 겪는 어려움을 집중 조명한다. 부동산 자산 가격 상승이라는 좋은 일과 세 부담 증가라는 나쁜 일은 동시에 발생할 수밖에 없지만, 당사자들에게는 세금에 대한 놀라움과 낭패감만 부각되는 것이 인지상정일 수는 있다.

종부세 1주택 과세자 절반이 저소득층이라는 기재부의 주장은 저소득층을 판단하는 잣대가 자의적인 점도 문제지만, 보유세를 왜 소득 수준에 비춰 판단해야 하는지에 대한 설명이 부족하다. 통상 소득세를 부과할 때는 납세자의 소득 수준으로 판단할 뿐, 그가 보유한 자산이 많은지 적은지 고려하지 않는다. 소득 자체로 경제력을 판단할 수 있고 그에 따라 적절한 세 부담을 부과하는 것이다. 마찬가지로 종부세를 부과하는 고가 부동산의 소유자는 소득 없이 자산만으로도 충분히 경제력이 있다는 판단이 가능하다. 종부세의 부과 기준이 그렇게 설정되어 있다. 소득과 자산은 서로 독립적인 경제력의 지표인 것이다.

물론 기재부는 고가의 부동산을 보유하고 있지만 소득은 취약해, 자산을 처분하지 않는 이상 종부세 납부가 어려운 납세자가 있음을 강조하려는 것이다. 이런 납세자들의 어려움도 정부가 인지해야겠지만 더 중요한 것을 놓쳐서는 안 된다. 저소득자들이 종부세가 부과되는 고가 부동산을 쥐고 있다는 것은 그만큼 한국 사회에서 자산이 부동산에 쏠려 있다는 증거다. 이 부동산 쏠림 현상이 국가적 경제 위기를 가져올 가능성이 크다는 것이 문제다. 자산의 부동산 쏠림은 비정상적으로 늘어난 가계 부채로 인한 금융 위기를 초래할 수 있을 뿐만 아니라, 자원을 부가가치 창출 효과가 낮은 부동산 분야에 묶어 국가의 장기적 성장을 저해한다.

　종부세는 개인들의 부동산 보유 행위에 금융 위기 발생의 사회적 비용을 반영하는 기제로, 현재의 한국 경제 상황은 그 필요성을 다른 어떤 시기보다 명확하게 보여준다. 일례로 기후 위기로 인한 재앙을 피하기 위해 화석 연료 소비에 부과하는 세금의 수준을 자동차·제철·화학 산업에 부담을 주지 않는 범주 내에서만 선택해야 하는 것은 아니다. 이산화탄소 배출에 대한 세 부담이 해당 산업에 고통이더라도 경제사회 전체를 위해 필요하다면 해야 한다. 마찬가지로 자산의 부동산 쏠림 현상이 금융 시스템과 장기적 성장에 비효율을 초래한다면 종부세는 개인들에게 일정한 고통을 주는 수준이 될 수 있다. 그렇지 않으면 행동 변화 유도가 어렵다.

　대출 규제와 부동산세제의 특성을 구별해서 활용해야 한다. 부동산 세제는 입법을 통해 가동하는 정책으로, 세율·공제 금액 등을 시의적절하게 조정하기 쉽지 않다. 그러므로 경기에 상관없이 항상 존재하는 규범으로 만들어야 한다. 부동산 경기가 좋지 않더라도 기존 세제를 바꿀 필요가 없다. 가격이 하락하면 연동한 세 부담도 함께 줄어들기 때문이다. 과열되는 부동산 경기에 없던 세제를 새로 도입해 대처하기는 어려운 일이다. 항구적 보유 세제가 있으면 가격 상승에 연동해 세 부담이 올라가기 때문에 경기 과열을 제재하는 역할을 할 수 있다. 정책적 효과는 차치하더라도 부동산 자산은 경제력의 대리 지표이므로, 이에 상응하는 과세가 공정을 실현하는 길이다.

종합 부동산세의 성격과 적정 수준

정책 과세로서 종합 부동산세

부동산은 공급이 비탄력적인 재화다. 시장에 가격 상승 요인이 있을 때 공급에 비해 상대적으로 탄력적인 수요는 가격 상승에 대한 기대에 신속히 반응하지만, 비탄력적인 공급은 이에 부응하지 못하므로 시장 가격이 비정상적으로 급등하는 현상이 발생한다.

　가격 급등은 큰 사회 문제를 야기한다. 자산 가격 상승으로 빈부 격차가 커지고, 임대료까지 덩달아 상승해 서민들의 주거가 불안정해지고, 거시 경제적으로 국가의 자원이 비생산적 부동산 투자에 몰려 잠재 성장률이 하락한다. 그러므로 조세 정책을 통해 공급에 비해 상대적으로 탄력적인 수요의 움직임을 진정시킬 필요가 있다. 이는 자본의 너무 빠른 이동 속도를 늦추기 위해 외환 거래에 세금을 부과해야 한다고 주장한 경제학자 제임스 토빈(James Tobin)의 이름을 딴 토빈세와 기능이 유사하다고 볼 수 있다. 보유세 부과를 통해 수요를 덜 탄력적으로, 공급과 비슷하게 움직이게 만들어준다면 가격 급등을 방지할 것이기 때문이다. 종부세는 이런 역할을 할 수 있으며 여기서 정책적 기능이 비롯한다.

재정 과세의 관점에서 본 종합 부동산세

정책 당국은 부동산 보유에 부과하는 세금이 정책적 필요에 따른 것이라고 보는 경향이 강하다. 시장 안정에 도움이 되지 않으면 필요 없는 세금이라는 것이다. 그러나 부동산은 보유자의 담세 능력을 보여준다. 부동산 보유세는 소득세처럼 개인의 경제력에 부과하는 세금으로, 정책적 기능과 상관없이 존재 의미가 있다. 부동산 시장에 자금이 몰려 가격 급등이 일어났다면 부동산 가치에 부응하게, 즉 보유자의 경제력에 합당하게 과세하면 자연히 시장 가격이 안정될 것이다. 재산은 소득과 함께 경제 주체의 능력에 대한 판단 기준으로서 중요성을 점점 더 인정받고 있다.

재산의 어떤 부분이 경제력의 원천이 되는가? 재산의 소득 창출 능력과 사용 가치다. 소득 창출 능력에 대해서는 자산으로부터 나오는 소득을 파악해 과세할 수 있다. 예금이나 채권 형태의 자산에 대해서는 이자 소득에, 주식에 대해서는 배당과 양도 차익에, 임대 주택에 대해서는 임대 소득에 각각 과세하면 된다. 그러나 부동산 보유자가 직접 거주하는 부동산에서 나오는 실물 향유 소득에 대해서는 소득세를 과세할 방법이 없다. 임대 주택에 거주하는 개인은 소득의 일정 부분을 월세 형태로 지불해야 하지만 자가에 거주하는 개인은 그러지 않아도 되므로, 소득이 동일해도 후자의 경제력이 우월한 것이다. 두 사람의 경제력 격차는 부동산 보유에 따른 것이며, 여기에 대한 적절한 과세는 두 가지 방법으로 가능하다. 하나는 월세 비용을 소득세 과세 대상에서 공제하는 것이고 다른 하나는 거주하는 부동산, 즉 실물 향유의 가치를 소득으로 봐 과세하는 것이다. 둘 중 후자가 더 나은 이유는 개인들이 가진 부동산의 가치 차이가 크고, 따라서 실물 향유의 가치도 다를 수밖에 없기 때문이다. 또 과세 소득이 적은 납세자의 경우 월세의 소득 공제가 불가능하다.

소득 과세의 경우 한 번의 회계 기간에 개인이 여러 종류의 소득을 올린다면, 개별 소득을 합산해 누진 세율을 적용하는 것이 바람직하고 원칙에 부합한다고 본다. 그렇다면 경제력에 상응하는 재산에는 어떻게 과세할 것인가? 이미 존재하는 소득세율 체계를 염두에 두고 재산을 소득으로 환산하는 소득 환산율을 활용할 수 있다. 이는 건강 보험료(건보료)율 산정에 사용하는 방식으로, 일정한 수익률을 전제하고 재산을 소득으로 환산하는 것이다. 이 경우 수익률은 재산의 당위적 소득이라고 볼 수 있다. 당위적 소득이 자산의 보유자이자 이용자인 개인이 누리는 실질적 혜택의 크기를 대변하는 지표인 것이다.

자산 수익률 4퍼센트를 가정하면 가치를 A로 평가하는 주택에서 나오는 혜택은 0.04A로, 주택 보유자는 이만큼의 실물 소득을 얻는 것이다. 소득세의 실효 세율이 10퍼센트라고 가정하면, 이 사람이 0.004A만큼 세액을 납부하는 경우 자신이 누리는 실물 소득에 대해 공평한 수준의 세금, 즉 소득세에 상응하는 세금을 부담한다고 평가할 수 있을 것이다. 그러므로 부동산 보유세, 즉 재산세 혹은 종부세로 보유한 재산 가치의 0.4퍼센트만큼 세금을 매년 납부한다면, 재산의 수익률 4퍼센트를 전제했을 때 10퍼센트의 소득세를 납부하는 것과 같다. 재산의 수익률 4퍼센트는 장기적 관점에서 평균적이고 적정한 수준이라고 볼 수 있다. 인플레이션을 2퍼센트, 경제의 실질 성장률을 2퍼센트라고 본다면 4퍼센트는 경제의 명목 성장률에 해당하기 때문이다.

소득세율은 소득 구간에 따라 세율이 다른 누진적 구조이므로, 국세청의 〈국세통계연보〉(2020) 자료를 기준으로 해 소득 분위별로 계산한 근로 소득세 실효 세율에서 출발하자. 전체 납세자의 소득세 실효 세율은 2019년 기준 7.63퍼센트이며 소득 9분위에 속한 납세자, 즉 소득 상위 10~20퍼센트인 납세자들의 실효 세율도 6퍼센트대에 머물렀다. 한편 우리나라의 소득 10분위, 즉 상위 10퍼센트의 사람들이 내는 소득세 실효 세율은 15퍼센트 수준이며, 상위 1퍼센트인 경우 27퍼센트 수준이다. 평균 근로 소득은 10분위 소득자들은 1억 원 정도, 상위 1퍼센트의 소득자들은 평균 2억 5000만 원 정도인 것으로 나타났다.

자산의 수익률 4퍼센트를 기준으로 한 소득 환산율로 계산하면, 10분위 소득자들의 평균 근로 소득 1억 원은 25억 원의 자산 가치가 있다. 그리고 소득 상위 1퍼센트에 속하는 사람들의 평균 근로 소득 2억 5000만 원의 자산 가치는 62억 5000만 원이다. 같은 자산의 수익률을 기준으로 자산 보유에 대한 적절한 실효 세율을 구하면, 10분위 소득자들은 소득세 실효 세율이 15퍼센트 수준이므로 0.6퍼센트, 소득 상위 1퍼센트는 소득세 실효 세율이 27퍼센트 수준이므로 1.08퍼센트 정도다. 이런 가정하에 부동산 자산에 대해 적절한 종부세 납세액을 계산해보면, 소득 상위 10퍼센트 납세자의 경우 1500만 원 정도, 소득 상위 1퍼센트 납세자의 경우 6750만 원 정도가 적정한 것으로 보인다.

자산 가치 25억 원과 62억 5000만 원의 부동산을 보유하고 여기에 거주하는 사람이 부담하는 종부세액을 현재 종합부동산세법의 내용에 따라 계산해보면, 위에서 계산한 세액에 비해 현저히 낮다. 25억의 자산 가치가 있는 부동산인 경우, 공정 시장 가액 비율 60퍼센트와 기준 시가 비율 80퍼센트를 가정하고 1주택자에 대한 기본 공제 12억을 감안하면 종부세 과세 표준은 정확히 0원이다. 자산 가치가 25억 원인 부동산까지는 종부세를 과세하지 않는다는 것이다. 종부세의 정책적 기능을 무시하고 부동산 보유자가 누리는 실물의 혜택만 소득세 과세 대상으로 보더라도, 부담이 현재보다는 더 높아야 함을 알 수 있다.

다주택자에게 적용하는 세율의 경우 이들이 획득하는 임대 소득에 대해 별도의 과세가 가능하므로, 경제력에 과세한다는 기준으로 보면 오히려 본인이 거주하지 않는 주택을 종부세 과세 대상에서 제외할 수 있다. 물론 현재와 같이 임대 소득에 대한 지나친 필요 경비 공제를 폐지하고 모두 종합 과세하는 것을 전제해야 한다. 그리고 다주택 소유로 인한 부정적 외부 효과에 대해 정책적으로 조세 부담을 추가해야 한다.

종합 부동산세의 적정 수준

부동산 보유에 대한 실효 세율 수준은 법정 세율, 공제 규모, 기준 시가, 공정 시장 가액 비율을 고려해 결정한다. 부동산으로 자산 쏠림을 막기 위해서는 실효 세율을 적절한 수준으로 유지해야 한다. 공제 규모를 확대하면 실효 세율 수준은 낮아진다. 기본 공제 규모를 다주택자의 경우 6억 원, 1주택자의 경우 9억 원보다 더 높이는 것은 바람직하지 않다. 예를 들어 종부세의 경우 주택당 4억 원, 거주하는 가족이 1인 추가될 때마다 2억 원씩 추가 공제하는 것도 가능하다.

기준 시가는 종부세의 과세 표준을 정할 때뿐만 아니라, 다른 세목이나 건보료와 같은 각종 부과금을 결정할 때도 중요한 역할을 한다. 기준 시가를 정할 때는 시장 가격을 따르면서도 그 일시적 변동보다 중장기적 변동을 반영하는 것이 바람직하다. 즉 시장 가격의 80~110퍼센트를 유지하면서 시차를 두고 상승과 하락을 좇아가도록 하는 것이 좋다.

공정 시장 가액 비율은 과세 표준을 정할 때 적용하는 공시 가격의 비율로, 2018년까지 80퍼센트를 유지했지만 2019년부터 5퍼센트씩 인상해 2022년에는 100퍼센트에 도달했다. 세 부담의 급격한 상승을 통제하는 것이 목적이었기에 100퍼센트가 되면서 그 한시적 역할을 완수한 것이다. 윤석열 정부는 시행령을 통해 이를 다시 60퍼센트로 낮추었다. 공정 시장 가액 비율 제도를 도입할 때 의도한 일시적 기능을 넘어 종부세 부담을 현저히 낮추는 새로운 기능을 부여한 것이다. 세 부담 수준을 결정하는 일은 본질적으로 시행령에 위임할 성격이 아니다. 국회의 논의 없이 행정 명령으로 비율을 조정해 종부세를 무력화하는 수준으로 세 부담을 낮추는 것은 행정 권한 남용에 해당한다. 국회에서 공정 시장 가액 비율 제도를 폐지해 남용의 소지를 없애는 것이 좋다. 이 제도의 도입 목적은 이미 달성했다.

상속 증여세

상속세는 상속 제도의 일부이자 핵심이다. 한 사람이 생을 마감하면서 자신이 이룬 바를 가족이나 다른 이에게 넘겨줄 때, 어느 정도를 사회의 몫으로 요구하는 것이 적절한지에 대한 입장이 상속세의 세율 및 공제 수준에 담긴다.

유산 취득세로 상속세 체계 전환, 필요한가

정부가 상속세 체계를 바꾸겠다고 한다. 현재 상속세 체계는 유산세 방식으로 사망한 사람, 즉 피상속인의 무상 이전 재산 전체를 과세 대상으로 보고 세율을 적용한다. 이를 유산 취득세 방식으로 전환하겠다는 것인데, 이 경우 상속인의 실제 취득 재산에 세율을 적용한다. 예를 들어 누군가 사망하면서 300억 원의 재산을 남기는 경우, 이해를 돕기 위해 공제액을 제외하고 보면 유산세 방식에서는 피상속인이 남긴 전체 재산 300억 원에 대해 상속세율을 적용하는 1건의 과세를 한다. 한편 유산 취득세 방식에서는 가령 3명의 자녀가 100억씩 상속받는다면 상속인들 각각이 받은 100억 원에 대해 상속세율을 적용하는 3건의 과세를 하는 것이다.

일견 유산 취득세 방식이 세금 부과에서 가장 중요한 능력 과세의 원칙에 더 부합하는 것처럼 보인다. 상속인이 실제로 받은 재산, 즉 경제력 증가분에 상응하는 세금을 부담하기 때문이다. 피상속인이 같은 재산을 남겼더라도, 상속인이 여러 명인 경우와 한 명인 경우에 상속인 개개인의 경제력 증가 규모가 다르므로 이렇게 과세하는 것이 더 공정해보일 수 있다.

그러나 상속세는 소득세가 아니다. 상속세와 소득세는 과세 포착점이 다르다. 개인적 능력의 척도인 소득세의 경우 개인이 경제 활동을 통해 얻은 소득을 통해 납세 능력을 파악하지만, 상속세의 경우에는 피상속인을 기준으로 하는 것이 개념적으로 옳다. 상속 자산은 피상속인이 일평생 축적한 것으로, 상속인에게는 일종의 우발적 자산이 생기는 것이다. 상속인이 다수인 것은 부차적인 일이다.

상속세 체계를 유산 취득세 방식으로 바꾸면서 상속세율을 그대로 두면, 국가의 상속세 수입은 크게 줄어들게 된다. 당연히 납세자들의 상속세 부담도 감소한다. 상속세에도 소득세처럼 누진 세율 구조를 적용하기 때문에, 국가가 상속세율을 적용해 획득할 수 있는 세수는 300억 원짜리 1건의 과세에서 100억 원짜리 3건의 과세보다 많을 수밖에 없다.

상속세에 대한 일괄 공제액 5억 원의 경우도 마찬가지다. 여러 사람에게 나눈 상속 자산에 대해 동일한 액수의 일괄 공제를 제공한다면, 큰 규모의 상속액도 과세 미달이 되는 경우가 생길 것이다. 과세 체계를 유산 취득세로 전환한다면, 현재의 상속세 부담 수준을 유지하기 위해 과세 표준 구간과 일괄 공제액을 축소할 필요가 있다.

한국 사회에는 부동산 등을 통한 비과세 자산 형성의 기회가 넘친다. 탈세나 조세 회피에 대해서도 관대한 편이다. 재벌들이 납부하는 상속세는 대를 이어 넘겨주는 거대한 부에 비교할 때 조족지혈이다. 상속세 과세의 진정한 의미는 부의 대물림 과정에서 적절히 과세하지 않은 자산을 한 번 정리하고 가자는 것이다. 양극화·불평등의 문제가 심각한 한국에서 상속 증여세에는 큰 역할과 의미가 있다. 상속 증여세는 세수 규모가 크지 않으므로 이를 통한 양극화 해소에 지나친 기대를 해서는 안 된다. 그러나 상속세가 고유의 역할을 하는 것은 사회의 건전한 발전을 위해 빠질 수 없는 일이다.

무엇을 위한 가업 상속 공제인가

정부는 가업 상속 공제의 규모를 한 번 더 확대했다. 가업 상속 공제는 한국의 기업주들이 가장 집중하는 대정부 로비 항목이다. 낮은 법인세 실효 세율의 혜택을 통해 보유해둔 기업 소득을 자녀 세대에 온전히 물려주고 싶으나 상속세가 부담스럽게 느껴진다는 것이다. 기업의 부는 기업주 혼자 일군 것이 아니다. 사회, 국가 그리고 근로자가 같이 만들어낸 것이고 상속세를 통해 몫을 같이 나눈다는 인식이 필요하다. 기여한 바가 없는 자녀 세대가 기업의 부를 독차지하는 것이 어떤 근거로 정당한가?

가업 상속 공제는 매우 예외적인 제도다. 이 예외는 가업의 원활한 승계를 지원해 해당 기업의 고용을 유지해야 한다는 사회적 필요성 때문에, 조세 공평성이라는 보편적 원칙을 훼손하면서 만든 것이다. 이런 제도의 취지는 사람들의 삶에 일자리가 얼마나 중요한지를 생각하면 일반적 공감을 얻을 수 있다. 그럼에도 가업 상속 공제는 조세 공평성을 위배하는 제도이므로 도입 목적에 부합하는 대상에 한해 세제상의 혜택을 주어야 한다.

가업 상속 공제 혜택을 받는 대상은 일반적 기업이 아니라 '가업'이어야 한다. 여기서 가업은 가족에게 승계하지 않으면 경쟁력을 유지하기 어려운 소규모 기업을 말한다. 상속인은 기업의 지분 외에 다른 자산이 부족해 상속세를 부담할 능력이 없어야 한다. 만약 다른 금융 및 부동산 자산을 매각해 상속세를 납부할 여력이 있는 경우 공제를 적용하지 말아야 한다. 그리고 상속인은 가업을 승계한 후 일정한 기간 동안 승계 전과 동일한, 또는 그 이상의 고용 수준을 유지해야 한다.

가업 상속 공제 제도는 독일이 우리나라보다 먼저 도입했다. 독일에서 이 제도를 어떻게 운영하는지는 우리에게 상당한 시사점을 준다. 2014년 12월 17일 독일 헌법재판소는 기존 가업 상속 공제 제도에 헌법 불합치 판결을 내렸다. 이 판결의 취지에 따라 독일 정부는 2016년 새로운 법안을 마련했다. 가장 중요한 내용은 기업의 자산 중 비사업용 자산은 모두 가업 상속 공제 대상에서 제외한다는 것이다. 비사업용 자산에는 임대 부동산, 주식이나 지분 같은 투자 자산, 미술품, 모든 종류의 유가 증권, 자산 전체 가액의 15퍼센트를 넘는 현금 및 현금성 자산이 해당한다. 이런 비사업용 자산의 비중이 기업의 전체 자산 중 50퍼센트를 넘으면 가업 상속 공제 대상에서 제외한다.

상속 기업의 자산이 2600만 유로(약 400억 원) 이상이고 상속인이 신청하는 경우, 과세 당국은 상속인의 상속세 납부 능력에 대해 조사한다. 상속인은 자신의 가용 자산으로 공제 대상인 상속 자산에 대한 상속세를 지불하기 어렵다는 것을 직접 증명해야 한다. 상속인의 가용 자산은 공제 대상을 제외한 상속 자산과, 상속세 발생 시점에 상속인에게 속하는 모든 자산을 더해 계산한다. 과세 당국의 조사 및 심사 결과 상속 공제가 필요하다고 판단하더라도, 가용 자산으로 지불할 수 없는 부분에 대해서만 상속세를 경감해준다. 상속하는 기업의 자산 가치가 9000만 유로(약 1100억 원)를 넘으면 상속인은 공제 신청조차 할 수 없다.

독일에서 자산 가치 2600만 유로 미만의 소규모 기업에 대해서만 가업 상속 공제를 허용하는 것은, 이런 기업을 가족 내부에서 운영권을 이전해야 경쟁력과 고용을 유지할 수 있는 가업으로 보기 때문이다. 규모가 큰 기업은 소유자 가족이 아닌 전문 경영인이 운영해도 경쟁력을 잃을 까닭이 없다. 윤석열 정부의 경제 정책 방향 보도 자료를 보면 이미 지나치게 높은 가업 상속 공제 허용 매출액 기준을 1조 원으로 늘리겠다는 것인데, 이는 바람직한 방향과 거꾸로 가는 것이다. 우리나라보다 경제 수준이 높은 독일과 비교해도 공제 대상 기업의 규모가 너무 크다. 사후 관리 요건도 7년에서 5년으로 단축하겠다고 하는데, 이는 공평성 훼손에도 불구하고 고용 유지를 위해 예외적으로 가업 상속 공제를 허용하는 취지를 무력화하는 조처다. 5년이라는 짧은 기간 동안 고용을 유지하는 시늉만 하면, 그 뒤 무슨 짓을 해도 가업 상속 공제의 혜택은 상속인에게 귀속한다.

가업 상속 공제는 기업의 고유한 생산적 경제 활동에 필수인 자산에 대해서만 예외적으로 허용해야 한다. 상속인이 보유한 금융 및 부동산 자산으로 상속세를 납부할 능력이 있는지 확인하고, 이런 자산이 없는 경우에만 공제를 허가해야 한다. 이런 조건이나 심사 규정이 없으니 현재의 우리나라 제도는 위헌적이다.

상속 증여세는 경제의 '세습자본주의화'를 방지하는 데 가장 중요한 역할을 하는 제도다. 경제적 효용이 증명되지 않았고 그 혜택을 일부 특권층만이 귀속하는 가업 상속 공제 제도는 폐지하거나 요건을 대폭 강화해, 그 취지에 부합하는 경우에만 허용해야 한다. 가업 상속 공제를 일반적 기업 상속에까지 허락할 경우 법논리적 측면에서 위헌에 해당할 뿐만 아니라, 벤처 기업 및 창업을 지원하는 혁신 성장과도 배치한다.

상속 세제 개편 방향

우리 사회는 상속세 제도에 어떤 기능을 바라는가? 경제력 격차가 큰 사회에서는 보통 사회적 신뢰에 문제가 발생한다. 경제가 불평등하고 부와 빈곤이 각자 세습되면 성장은 지속 가능하지 않다. 사실 한국과 미국 사회는 상당한 교정이 필요한 상태라는 점에서 유사하다. 두 국가는 OECD 회원국 가운데 소득과 자산의 양극화 수준에서 순위를 다투고 있다. 2019년 미국 전체 주식 중 주식 보유액 기준 상위 1퍼센트의 점유율은 38퍼센트, 상위 10퍼센트의 점유율은 84퍼센트였다. 국세청 자료에 따르면 우리나라에서는 2019년 최상위 1퍼센트와 10퍼센트가 각각 전체 배당 소득의 69.3퍼센트와 93.1퍼센트를 가져간 것으로 나타났다. 그럼에도 불구하고 한국 사회 일각에서는 상속세를 약화시키려는 주장이 끊임없이 이어진다.

상속세는 한 사람이 생을 마감할 때 자신의 부를 가까운 이들에게 이전하는 것에 대한 사회의 입장을 대변한다. 개인이 이룬 것을 가족 일지라도 다른 이에게 넘겨줄 때 사회가 어느 정도를 요구하는 것이 적당한지, 배우자의 경우 특별한 지분을 인정해야 하는지, 만일 그렇다면 어느 정도가 적정한지, 자녀 상속은 부의 세습을 의미하는데 이를 어떻게 봐야 하는지에 대한 답이 모두 상속세의 세율 및 공제 수준에 담긴다. 우리는 국가가 가족 내의 상속에 대한 상속세를 요구하는 것에 예민한 경향이 있다.

그러나 사실 상속세는 부의 세습에 대한 사회적 요구를 단독으로 담당하지 않는다. 훨씬 더 중요한 것이 소득세와 법인세다. 왜냐하면 상속 자산은 개인이나 법인의 소득이 발생할 때 이를 소비하지 않고 저축하면서 형성되기 때문이다. 개인과 법인에게 소득이 발생할 때도 사회가 기여한 몫이 있고 이 부분을 소득세와 법인세로 과세하는데, 이런 과세가 취약하면 원칙적으로는 상속세를 통해 사회의 요구를 더 넓게 반영해야 한다.

우리 사회에서 소득세와 법인세가 제대로 작동하는가? OECD(2020a)의 근로 소득 과세 관련 자료에 따르면, 우리나라의 소득세 실효 세율은 OECD 회원국들과 비교해 대부분의 소득 수준에서 5퍼센트포인트 이상 낮다. 2021년 귀속 소득부터 적용하는, 인상한 최고 소득세율은 49.5퍼센트로 이는 정규직 평균 소득의 약 22.2배 이상인 소득 계층에 해당하는데, G7 국가의 경우 최고 소득세율이 지방세 포함 평균 49.7퍼센트이며 정규직 평균 소득의 약 7배에 해당하는 소득 구간부터 최고 세율을 적용한다. 우리나라의 현행 법인세율 체계는 4단계 초과 누진 세제로 복잡한데, 세수를 확보하려면 이를 단순화하고 실효 세율을 올려야 한다.

금융 위기에 이은 코로나 경제 위기를 극복하기 위한 과정에서 금융 완화 정책으로 유동성이 증가해 부동산 및 금융 자산의 가치가 세계적으로 상승했고, 자산과 소득의 양극화 또한 심화했다. 자산도 경제력을 평가하는 척도로서 소득 못지않게 중요성이 커졌다. 이렇게 보면 자산과 이에 따르는 소득에 대한 과세 강화는 피할 수 없는 사회적 요구다.

소득세와 법인세의 중요성을 인정하면서도 상속세에 양극화 해소를 위한 고유의 기능이 존재함을 부인할 수 없다. 상속 증여세는 자산을 대물림하는 길목에서 과세한다는 점에서, 자산의 양극화 해소와 관련해 매우 큰 의미가 있다. 상속 자산은 계층 간 격차 심화와 고착에 영향이 크다. 공정한 사회를 만들려면 핵심은 경제에서 지대적 요소를 줄이는 것인데 그러자면 상속 과세를 강화해야 한다. 상속 자산, 즉 세습 자산이야말로 지대(불로 소득) 그 자체이기 때문이다.

상속세의 특별한 기능은 다른 경제 주체에게 재산을 이전하는 과정에 과세 포착점이 있다는 데서 비롯한다. 한 사람이 창출한 소득을 소득세 과세 이후 보유하고 있다가 다른 사람에게 이전해줄 수 있지만 그 과정에서 국가도 공동체의 몫을 일정 부분 요구하는 것이다. 소득과 부는 이를 창출한 개인들의 독립적 행위로 인한 것이 아니라 사회가 광범위하게 기여한 공동의 결과물이라는 사실을 지나간 신자유주의 경제 사조에서는 애써 외면했다.

어떤 개인이나 기업도 혼자 부를 창출할 수는 없다. 누구도 교육이나 앞서 노력한 사람들 없이 경제적 가치가 높은 노하우를 쌓을 수 없으며, 사회가 제공하는 의료·치안·국방과 같은 핵심 인프라 없이 성과를 만들어낼 수 없다. 따라서 개인의 소득과 부는 사회와 공동으로 생산한 것이며, 국가는 그 기여에 대한 정당한 지분이 있다. 물론 지분을 70퍼센트, 또는 50퍼센트나 30퍼센트로 단정할 수는 없다. 이 수치를 정하려면 결국 사회적 합의를 따라야 하며, 그것이 유일한 대안일 것이다.[1]

상속인과 피상속인의 친인척 관계가 얼마나 밀접한가에 따라 세율을 차별화하는 나라도 있다. 즉 재산을 이전받는 주체가 이전하는 주체와 관계가 깊지 않다면 국가의 몫을 더 많이 주장할 수 있다는 것이다. 이는 상속을 자연법적 권리보다는 사회 제도로 보는 것으로 우리에게 이런 자세가 필요하다. 상속세는 상속 제도의 중요한 요소다. 개인의 자산을 타인에게 이전할 때 상속세를 통해 상속인과 사회의 몫을 결정하기 때문이다. 상속인이 100퍼센트를 차지하는 것이 정당하다는 시각(상속세 제도를 부인하는 것)이 자연스럽다고는 볼 수 없다. 다만 현재의 상속세는 과세 예외·공제 등으로 인해 세수 규모가 작기 때문에 기능에 한계가 있다. 그래서 상속 증여세 제도를 획기적으로 바꾸지 않고 상속 증여세를 통한 양극화 해소를 기대하는 것은 의미가 없다.

한국의 상속 증여세제에는 상속 재산의 양도 차익에 대한 과세 공백의 문제가 있다. 상속도 법적 처분이므로 상속 시점까지 발생한 부동산 및 주식의 가치 증가분에 과세해야 하는데, 우리는 상속세만 과세할 뿐 여기에는 과세하지 않는다. 이 점에 대해서는 OECD도 지적하고 있다. 상속 증여세에 대한 OECD(2020b)의 연구 보고서에 따르면, 우리나라와 같이 큰 규모의 상속세 공제를 허용하면서 상속 자산 이전 시점에 발생한 미실현 소득에 양도 차익 과세를 하지 않는 경우 경제적 왜곡을 야기한다. 예를 들어 누군가 부동산을 3억 원에 취득해 보유하다가 시가가 30억 원이 된 후 자녀에게 물려줬다면, 자녀는 양도 차익에 정상적으로 과세하는 경우보다 낮은 상속세를 부담한다. 상속세 공제가 크고 상속세율 체계가 양도 소득세율 체계보다 과세 표준 구간이 넓기 때문이다. 부동산을 처분했으므로 양도 차익에 과세해야 하고 상속이 발생했으므로 상속세도 과세해야 하는데, 결과는 양도 차익에만 과세한 것보다도 세 부담이 낮은 것이라면 상속세제에 결함이 있는 것이다. 이를 보완하는 것이 우선이다. 이런 조치와 과세 표준 구간 및 일괄 공제액 조정 없이 상속세제를 유산 취득세 체계로 전환하는 것은 개악이며, 상속세를 무력화하는 것이다.

우리나라의 상속세 부담은 높지 않다. 과다한 공제로 낮아진 상속세의 실효 세율을 공제 축소를 통해 높여야 한다. 배우자에 대한 공제는 5억 원 미만인 경우 5억 원으로 인정하는 규정을 폐지해 실제 상속받은 액수를 기준으로 해야 하며, 근거가 부족한 금융 자산 공제도 폐지해야 한다. 영농 상속 공제는 30억 원으로 규모가 지나치므로 대폭 축소하는 것이 옳다. 상속세 신고는 상속 건수 중 단 3퍼센트에 해당하는 과세 대상 피상속인에게만 해당하는데, 이를 근거로 신고 세액을 공제하는 것은 다른 세목과 비교할 때 공정하지 않다. 폐지해야 한다. 부동산과 주식 같은 상속 자산의 미실현 소득에 대한 과세도 고려할 필요가 있다.

12

과세 행정과 납세 순응

박근혜 정부가 지하 경제와 전쟁을 선포한 뒤 국세청은 정부와 국회에 고액 거래나 혐의 거래와 관련한 금융정보분석원의 정보를 요구했으나, 탈세 혐의가 있는 경우에만 정보를 받을 수 있도록 관련 법이 개정됐다. 세무 당국이 조사에 활용할 정보를 제한적으로 제공하는 것은 좋은 선택이 아니다. 세무 조사의 엄밀성은 다른 방식으로 확보해야 한다. 국세청이 국가 재정에 기여하고 납세자들에게 공정한 기관으로 거듭나려면 세무 조사가 유효성을 갖춰야 한다. 정권이나 재벌이 아니라 국민 전체에 봉사하는 기관이 돼야 한다.

세무 조사의 유효성 확보 방안

납세 순응을 위한 인센티브 부여의 문제점

납세 협력 비용 감축을 통해 납세 순응도를 제고할 수 있다면, 세율을 인상하거나 세무 조사라는 칼을 휘두르지 않고도 재정에 기여할 수 있으니 제일 바람직하다. 당연히 선거를 염두에 두는 정치가들도 이를 선호한다. 결과적으로 이런 정책이나 제도는 쉽게 적정 수준을 넘게 된다.

우리나라의 성공적 납세 협력 비용 감축은 전자 세정으로 인해 가능했다. 우리 국세 행정은 전자 세정과 국세정보통합관리시스템을 통해 괄목할 만한 변화를 보여줬다. 지금 정도의 인력으로 정부가 방대한 국세 행정 업무를 이행해나갈 수 있는 것은 효율적 전산 시스템의 공이 크다. 전자 세정은 세원 관리뿐만 아니라 납세자들의 납세 협력 과정에서도 편의성을 도모함으로써 납세 서비스에 기여한 바가 크다. 납세자들이 세무 관서를 방문하지 않고도 업무를 처리하고 시간을 절약할 수 있으므로 납세 협력 비용을 크게 줄여주는 것이다.

우리 과세 당국이 납세 순응을 유도하기 위해 자주 사용하는 인센티브는 성실 납세자에 대한 세무 조사 면제일 것이다. 성실 납세 제도는 적절한 세무 통제 기준에 맞는 납세자와 과세 당국이 협약을 체결하고 여기에 따라 납세자가 의무를 성실히 이행하면, 국세청이 세무 조사와 같은 간섭 없이 신고 사항을 수용하는 제도다. 이는 세무 조사 제도를 운용하는 한 방식으로, 그 이론적 배경은 경제학자 요세프 그린버그(Joseph Greenberg)의 연구에 기초한다. 그린버그는 납세자를 순응도에 따라 세 범주로 분류하고, 세무 조사를 통해 차등적으로 관리함으로써 세무 조사의 효율성을 제고할 수 있다고 했다(김유찬, 2004). 이때 차등적 관리는 범주별로 적절한 세무 조사 비율이나 탈세에 대한 처벌 강도 결정 등을 뜻한다. 그린버그의 이론에 따르면 순응도가 높은 납세자들에게 상대적으로 낮은 (혹은 거의 제로에 가까운) 세무 조사 대상 선정 비율을 적용하는 대신, 이 범주에서 탈세를 적발하는 경우 바로 세 번째 범주(거의 매해 세무 조사 대상이 됨)로 분류함으로써 제도의 실효성을 확보할 수 있다.

우리나라의 성실 납세 제도에서 그린버그의 이론을 잘 구현하고 있는지 생각해볼 필요가 있다. 납세 순응도가 높은 납세자들에게 상대적으로 낮은 세무 조사 대상 선정 비율을 적용한다는 점에서는 그린버그의 이론에 적합하다고 할 수 있을 것이다. 그러나 이 범주에서 탈세를 적발하면 바로 거의 매해 세무 조사 대상이 된다는 점이 제도의 실효성을 확보할 수 있는 요소인데, 우리나라의 제도는 여기서 문제를 노출한다.

송헌재, 박명호, 김재진(2012)은 우리나라의 세수 100원당 납세 협력 비용을 4.58원으로 추정했다. 그동안 납세 협력 비용은 전자 세정을 비롯한 노력을 통해 충분히 줄었다. 이제는 새로운 방안을 제시하기 어렵다. 그렇다면 지금은 납세 순응도를 제고하기 위해, 즉 탈세나 조세 회피 행위를 줄이기 위해 전통적 방식으로 돌아가는 것이 바람직하지 않을까 생각한다. 다시 말해 세무 조사 비중을 높이고, 탈세를 적발하는 경우 가산세와 같은 벌칙 규정을 강화함으로써 납세 순응도를 높이는 방향으로 정책을 선회해야 한다는 것이다. 최근에는 오히려 이런 조치가 사회적 동의를 얻고 있는 것이 아닌가 싶다.

기업의 투자나 고용 활성화 지원책으로 조세 입법을 통해 세 부담을 경감해주는 것은 정책 수단이 될 수 있으나, 일정한 조건을 충족하는 기업에 대한 세무 조사를 유예하는 것처럼 세무 행정의 수단인 세무 조사를 정책 수단으로 활용하는 것은 바람직하지 않다. 세무 조사는 경제 상황이나 시기에 따라 변하지 않고 항상 일정하게 적용하는, 어떤 납세자도 피해가기 어려운 제도로 자리 잡는 것이 바람직하고 그래야만 제도적 공공재의 역할을 할 수 있다.

세무 조사 제도 개선 방안

일단 세무 조사를 시작하면 담당자가 여유 있게 일할 수 있도록 충분한 시간을 주어야 한다. 현재는 국세청이 세무 조사 기간을 짧게 잡고, 납세자보호위원회로 하여금 제한적으로만 조사 기간 연장을 허용하게 하고 있다. 이는 세무 조사에 대한 납세자의 심리적·경제적 부담을 덜어줌으로써 기업 활동에 전념하게 할 수 있게 돕는다는 좋은 취지이지만, 문제는 세무 조사 담당자들의 통상적 업무가 어려워진다는 것이다. 성실 납세자에 대한 가장 좋은 납세 서비스는 불성실 납세자에 대한 엄정한 세무 조사이다. 국세청의 효율적 세무 조사를 어렵게 하는 제도 운영이야말로 포퓰리즘에 해당한다.

조세 정의를 실현하는 데 가장 중요한 기관은 누가 뭐래도 국세청이다. 하지만 불행히도 우리 국민들에게 국세청이 과연 제 역할을 하고 있는지 묻는다면 긍정적으로 대답할 사람은 그리 많지 않을 것이다. 세무 조사의 강도나 과세 결과가 공정하지 못하다면 형평성에 심각한 문제를 야기한다. 세무 조사의 결과가 공정하지 않은 것은 특정 납세자와 국세 공무원 사이에 유착 관계가 존재하기 때문이다. 그렇지 않더라도 국세청은 정권과 가까운 관계로 보이는 대기업·언론사·대형 교회에 대해 현실적으로 무력할 수밖에 없다.

국세청이 변화하려면 소신 있는 세무 행정을 위해 국세청장의 임기를 보장해주고, 국세청장 인사와 국세청 중립에 대한 권한이 있는 위원회를 두는 내용의 국세청법을 제정할 필요가 있다. 이때 위원의 절반 이상은 국회에서 여야의 합의를 통해 선출해야 할 것이다. 또한 국세 공무원들이 퇴직 후 회계 및 법무 법인으로 이동해 납세자들과 유착하거나 담합하는 통로에서 활동하지 못하도록 금지하고, 정확하고 엄밀한 세무 행정을 위해 국세청에 금융 거래 정보를 충분히 제공해야 한다.

탈세와 조세범처벌법

부패한 사회에서는 탈세가 창궐한다. 이런 범법 행위가 만연한 것은 국가 기관 내부에 협조자가 많기 때문이다. 한국 사회에서 이들은 세무 공무원이기도 하고, 법조계 관계자들이기도 하고, 정치인들이기도 할 것이다.

나아가서 국가·시스템·관행이 탈세의 협조자이기도 하다. 탈세는 국가가 권리이자 의무인 형사법적 권능을 포기하고 대신 돈을 취하는 일이기도 하기 때문이다. 말하자면 국가는 추징금과 벌과금을 챙기는 대가로 징역형을 살려야 할 공동체의 배신자들에게 자유를 선사하는 불공정한 관행을 제도화한 셈이다.

한 사회의 엘리트들이 부패와 탈세의 연결 고리에 깊이 관여하는 행태는 우리나라에서만 보이는 것이 아니다. 이런 면에서 이탈리아는 거울에 비치는 우리의 모습이나 마찬가지다. 돈이 기사 내용을 지배하는 언론, 이해 집단에 놀아나는 정치, 경제·정치권력과 담합한 법조인들……. 이런 구조에서 중요한 국가 어젠다에 대한 적절한 해법을 찾지 못하는 것은 어쩌면 당연한 일이다. 어떻게 탈세 관행을 근절할 것인가?

유럽의 다른 나라인 독일은 부패가 심하지 않은 곳으로 알려졌지만, 그래도 탈세가 없는 것은 아니다. 소득세·법인세·사회 보장세율이 높은 탓에 독일 납세자들이 이웃 나라인 스위스와 룩셈부르크 등지의 금융 기관에 숨겨둔 돈이 많았다. 은행들의 금융비밀주의가 허물어지면서 기업가뿐만 아니라 공무원·의사·법조인·교수 등 광범위한 계층의 탈세가 속속 드러났다.

탈세 관행 단절을 위해 독일 법원이 먼저 나섰다. 2008년 독일 연방최고법원 제1형사법정의 판결은 탈세범에 대한 형사 처벌의 수준을 구체화 및 강화한 획기적 사건이다(Az. 1 StR 416/08). 연방최고법원은 이 판결을 통해 대규모 탈세 행위에 대해 6개월에서 10년까지 징역형을 내려야 한다고 밝혔다. 가장 중요한 내용은 탈세액에 따라 집행 유예가 가능하지만 100만 유로(약 15억 원) 이상인 경우에는 특별한 감형

사유가 없는 한 징역형을 집행해야 함을 명확히 한 것이다. 과거 대규모 탈세가 드러나도 많은 탈세범들이 추징금과 벌과금으로 실형을 피하던 역사에 한 획을 그은 것이다.

징역형을 면할 수 있는 경우는 탈세액 5만 유로(약 7500만 원) 이하로 제한했으며, 5만 유로에서 100만 유로까지의 탈세액에 대해서는 판사가 정황에 따라 자율적으로 결정할 수 있다. 독일에서 탈세를 특권층의 범죄로 비밀스럽게 용인하던 시대는 지나간 것이다. 그때까지는 독일 사회에서도 대부분의 탈세범이 실제로 징역형을 살게 되리라고는 생각하지 않았다.

오랫동안 정착한 관행은 쉽게 변하지 않는다. 세무조사관들에게 일부 범법 사실을 누락하거나, 법적 증빙이 완전하지 못한 경우 탈세액을 100만 유로 아래로 낮춰주려는 유인이 생겼다. 또 감형에 관대한 입장을 취하는 세무조사관도 많았다. 독일 연방최고법원은 탈세액이 100만 유로가 넘는 경우 자백이나 세무대리인의 조력이 감형 사유가 될 수 없음을 명백히 함으로써 2008년의 강경한 입장을 유지했다(Az. 1 StR 525/11). "어떤 방식으로 탈세해야 가장 잘하는 것인지 세무사에게 자문받은 것이 감형 사유가 될 수 있는가?"〔독일 연방최고법원 제1형사법정 의장 아르민 나크(Armin Nack)〕.

법원의 소환에 병원차를 타고 출두하고, 의사의 허위 진단서로 저지른 범죄의 규모에 비춰볼 때 터무니없이 가벼운 처벌을 받아내는 인사들의 모습에 우리는 익숙하다. 독일이라면 허위 진단서 자체가 다른 형사 소송의 대상이 됐을 것이다. 반복되는 부패와 탈세의 고리를 끊기 위해 우리는 무엇을 해야 하며, 무엇을 할 수 있을까?

우리 법원에 독일 법원의 사회적 역할을 기대하기는 어려울 것이다. 전관예우라는 집단적 범죄 행위에서 스스로 벗어나지 못하는 모습도 실망스럽지만, 무엇보다 국민과 납세자들이 법원에 뭔가를 요청할 수 있는 절차가 없기 때문이다. 기대에 미치지 못하더라도 정치가들과 국회에 절차를 마련할 것을 요구하고, 국회는 이를 받아들여 법제화해야 한다.

중요한 것은 형사법에 탈세에 대한 강력한 처벌 조항을 만들고 일정 규모 이상을 탈세할 경우 징역형을 의무화해, 탈세 관행을 근절하겠다는 의지를 세우는 일이다. 국회는 경제·정치권력과 담합한 법원이 판결을 회피할 수 없도록 법률을 명확히 제정해야 한다.

조세 피난처 관련 세제

자원의 국제적 이동을 가로막던 장애물이 사라지면서, 여러 나라의 조세 제도 및 행정상 차이와 법률의 취약점을 이용해 고객이 이득을 챙기게 해주는 전문가들이 활동하기 시작했고, 이에 따라 조세 회피 현상이 세계적으로 크게 증가했다. 국제적 조세 회피의 전형은 세 부담이 적거나 없는 국가 또는 지역, 즉 조세 피난처에 법인을 설립하고 이를 통해 해외 투자나 사업을 함으로써, 본국에서 조세 부담을 줄이거나 최대한 지연(tax deferral)시키는 것이다. 기업들 외에 부유한 개인들도 조세 피난처에 위치한 금융 기관에 계좌를 두고 자산을 관리하면서, 실제 거주하는 나라의 과세에서 빠져나가고 있다. 금융 기관들은 고객 정보를 철저하게 지킴으로써 과세 당국에 대한 방패막이 역할을 한다.

경제 위기를 극복하기 위해 나라마다 재정 지출을 확대하면서 세수 압박이 커졌다. 이런 상황에서 기업과 개인의 조세 회피는 사회적으로 용인할 수 없는 행위다. 미국의 버락 오바마(Barack Obama) 전 대통령은 세금을 제대로 내지 않는 자국의 부자들을 숨겨주는 조세 피난처를, 독일 정부는 스위스 은행 등을 강하게 압박해 고객 정보에 대한 비밀 유지 정책을 포기하도록 유도했다.

조세 피난처를 이용한 조세 회피

조세 피난처는 기업 활동으로 인한 소득에 과세하지 않거나 저율 과세를 비롯한 특수 혜택을 제공해, 다국적 기업이 조세 회피 수단으로 이용하는 국가 및 지역이다. 통상 고객의 금융 자산에 대한 정보를 철저히 지켜 개인들의 탈세나 조세 회피를 돕는 은행이 많은 국가를 의미한다. 외국환관리법·회사법 등의 규제도 적고 다른 경영상 장애물도 거의 없다. 따라서 탈세뿐만 아니라 돈세탁용 자금 거래의 온상이 되기도 한다. 대표적 조세 피난처로 바하마·버뮤다제도 등 카리브해 연안 및 중남미 지역 일부, 스위스·리히텐슈타인·룩셈부르크·안도라·모나코와 같은 유럽 국가가 있으며, 아시아에는 말레이시아·필리핀의 일부 지역 등이 있다.

기업이나 부유한 개인들이 조세 회피 또는 절감을 목적으로 사업 활동지 및 등록지, 혹은 자산을 관리하는 은행을 조세 피난처로 옮기는 행위는 공정과 응능 원칙에 입각한 과세를 불가능하게 만든다는 점에서 폐단이 크다. 또 조세 피난처를 통한 자금 거래는 그 규모나 변화를 파악하기 어려워 금융 당국의 정책 운영에도 어려움을 야기한다. 한국이 1997년 외환위기를 경험하던 때 조세 피난처를 통한 자금 거래도 위기를 초래한 요인으로 지목한 바 있었다.

OECD의 조세 피난처 명단 발표

조세 피난처 문제를 해결하기 위해서는 무엇보다 각 국가가 문제의 심각성에 대한 인식을 같이하고 공조하는 것이 중요하다. OECD는 조세 피난처에 해당하는 국가들을 유형이나 정도별로 분류해 주기적으로 발표함으로써 이들 국가에 심리적·도덕적 압력을 가하고 있다. OECD의 블랙리스트는 2009년 G20 정상들이 런던 금융정상회의에서 비협조적 조세 피난처를 파악해 규제하기로 합의한 직후에 발표했다. 이들은 조세 정보 교환에 관한 국제적 기준을 준수하겠다고 약속하지 않은 조세 피난처를 대상으로 했다고 밝혔는데, 코스타리카·말레이시아·필리핀·우루과이 4개국은 국제 기준을 지키지 않는 국가로 분류했다. 벨기에·브루나이·칠레·지브롤터·리히텐슈타인·룩셈부르크·모나코·싱가포르·스위스·바하마·버뮤다제도·케이맨제도 등 38개국은 국제 기준을 준수하지 않고 있으나 향후 준수하겠다고 약속한 회색 국가군으로 나눴다. 또한 그때까지 3대 조세 피난처라고 하던 리히텐슈타인·안도라·모나코는 국제 사회의 압력에 굴복해 OECD의 조세 협력 기준을 준수하겠다고 다짐하며 은행비밀주의 포기를 선언했고, 스위스·벨기에 등도 이를 타파하겠다고 약속했다.

국제탈세정보교환센터

단순히 명단을 발표하는 것보다 더 적극적으로 조세 피난처에 대처한 사례로, 탈세 관련 정보의 국제적 교환을 목적으로 국제탈세정보교환 센터(Joint International Tax Shelter Information Center, JITSIC)를 설립·운영한 것을 들 수 있다. JITSIC은 미국 등의 주도로 지능적 국제 탈세 관련 정보를 효율적으로 교환하기 위해 지난 2004년 출범한 국제 협의체다. 양해 각서(MOU)에 따르면 JITSIC의 구체적 설립 목적은 조세 회피 기법 및 연루자 적발과 정보 교환, 전문성 및 사례 공유, 조세 회피 대처 상호 지원 등이다. 2009년 1월 일본 교토에서 열린 제3차 주요 10개국 국세청장회의에서 대재산가의 국외 은닉 자산 및 소득·이전 가격 파악 등도 향후 운영 방향에 추가했다. 이 회의에서 우리나라도 JITSIC에 옵서버 자격으로 가입했으며 일정한 기간이 지나면 정회원 국가로 승격할 예정이다. JITSIC 회원국들은 다수의 조세 피난처(바베이도스·버뮤다제도·도미니카 등 16개 지역)와 정보 교환 약정을 체결하고 이들 지역을 이용한 거래, 조세 회피 상품, 주요 탈세 기법 등 관련 정보를 수집하고 있다.

포괄적 금융 정보 수집 권한

포괄적 금융 정보 수집 권한이란 불특정 납세자의 탈루 혐의에 대해 합당한 근거가 있는 경우, 국세청이 금융 기관 등으로부터 정보를 포괄적으로 수집할 수 있는 권한을 부여하는 제도다. 이 제도는 미국·호주 등 11개의 OECD 회원국에서 시행 중이며, 국세청이 이 권한을 행사하려면 사전에 법원의 승인을 얻어야 한다. 미국의 경우 포괄적 정보 제출 명령장을 발부받으려면 명령장이 특정한 혹은 식별 가능한 집단(ascertainable group or class of persons)에 대한 조사와 관련한다는 점, 이 집단이 세법상 의무를 이행하지 않았거나 않고 있다고 믿을 만한 합리적 이유가 있다는 점을 미국 국세청(IRS)이 법원에 증명해야 하며, 이는 제도의 남용을 방지하기 위한 것이다.

해외 금융 계좌 신고 제도

해외 금융 계좌 신고 제도란 거주자가 외국 금융 기관에 개설한, 1만 달러를 초과하는 금융 계좌를 국세청에 자진 신고할 것을 의무화하는 제도다. 미국은 해외 금융 계좌를 고의로 신고하지 않을 경우 최고 10만 달러 또는 예금액 50퍼센트를 벌금으로 부과하는 등 무거운 벌과금 제도를 운용하고 있다. 단순 신고 누락 시에도 최고 1만 달러의 벌금이 있다.

향후 정책 방향

역외(해외) 탈세의 경우 과세 자료가 우리 과세 당국의 행정력이 미치지 않는 범위에 있으므로 과세와 관련한 입증, 정보 제공 및 신고에 대한 납세자의 협력 의무를 대폭 확대하는 방향으로 법을 개정해야 한다. 납세자에게 거래의 진정성을 입증할 책임을 맡기고, 해외 금융 계좌 신고 제도의 액수 제한을 낮추고, 부동산 및 주식 소유에 대한 정보에도 신고 의무를 부여할 필요가 있다. 마찬가지로 관련 금융 기관에도 협조 의무를 부과하고, 역외 탈세한 개인 또는 법인에 대한 내부 고발자의 보호·보상에 대한 법도 제정해야 한다. 국세청이 포괄적 금융 정보 수집 권한을 활용할 수 있도록 법을 개정하고, 해외 금융 계좌 신고 제도도 더 강력하게 운영해야 한다.

국세청의 금융 거래 정보 접근권

세무 조사 제도는 탈세에 대한 전통적 대응 수단이지만, 법인이나 개인 사업자들이 세무 조사 대상이 될 확률은 극히 낮다. 세무 조사 대상을 늘려야 하지만 이는 국세청의 인력을 고려할 때 한계가 있다. 신용 카드·현금 영수증·전자 계산서 등 과세 인프라 강화를 통한 세원 양성화는 효과적이었지만 과대평가해서는 안 된다.

기존 과세 인프라는 여러 경제 주체 중 주로 소비자의 협조에 의존한다. 이를 통해 우리 사회는 소비자를 상대로 재화와 서비스를 공급하는 소규모 사업자들의 과세 누락에 성공적으로 대처할 수 있었다. 그러나 여러 자료를 통해 접할 수 있는, 자산가들의 보다 전문적인 탈세 행위에는 기존 과세 인프라가 별 도움이 되지 않았다.

이들이 과세에 포착되지 않는 방법은 주로 현금 거래·차명 거래·

차명 자산·역외 거래인데, 이를 양성화하려면 추가 수단이 필요하다. 과세 당국이 필요로 하는 새로운 인프라는 금융 거래 정보에 대한 접근권이다. 지하 경제 양성화를 위해 금융정보분석원이 보유한 금융 자료를 국세청이 충분히 활용할 수 있도록 해야 한다.

금융 정보는 다른 정부 부처에서 이미 확보하고 있기 때문에 과세 당국과 공유하기가 비교적 용이하다. 예를 들면 금융정보분석원에 제출하는 고액 현금 거래 보고(Currency Transaction Report, CTR)·혐의 거래 보고(Suspicious Transaction Report, STR)와 같은 금융 자료가 있다. 외국에서는 과세 당국이 이런 금융 자료에 제한 없이 접근하는 경우도 적지 않다. 이런 자료를 국세청이 효율적으로 활용할 경우 대규모 세수 증가가 가능하다고 본다.

국세청이 금융정보분석원 자료를 활용하려면 여러 보완책이 필요하다는 의견이 있다. 특히 국세청의 무분별한 정보 수집으로 인한 납세자 권익 침해 등 권한 남용에 대한 우려가 눈에 띈다. 국세청은 담당자가 업무와 무관한 납세자 정보를 조회하는 경우 전산 추적을 통해 내부 감사를 실시하고 징계한다. 따라서 일반 납세자의 권익을 침해할 가능성은 매우 낮다고 본다. 정작 우려스러운 일은 국세청 본부에서 정치권에 영합해 특정인을 조사하는 것이다. 그러나 이런 조사는 국세청에 금융 자료에 대한 일반적 접근권이 없는 현재도 다른 방식으로 가능하기 때문에, 납세자 권익 침해를 걱정해 금융 자료 접근권을 제한하면 오히려 국세청의 활동을 제약하고 탈세를 방조할 뿐이다. 국세청의 정치적 행태를 통제하는 것과 별도로, 자산가들의 반시민적 행위를 통제하는 수단을 줘야 한다.

4부

문재인 정부의
조세·재정 정책에 대한 평가

13

문재인 정부의 조세·재정 정책

윤석열 정부는 문재인 정부의 정책을 끊임없이 소환하고 있다. 문재인 정부 기간에 국가 재정을 방만하게 운영해 국가 부채가 400조 원 증가했다는 것이다. 중요한 것은 당시의 경제사회 상황에 비춰볼 때 그보다 나은 결정이 가능했는지다.

재정 정책은 통화 정책과 함께 경제 운영에 가장 중요한 정책 수단으로 꼽는다. 중앙은행이 주관하는 통화 정책과 달리 재정 정책은 정치 과정의 한가운데 위치한다. 국민이 선출한 정부의 정치적 지향을 실현하는 수단이라는 측면에서 재정 정책은 통화 정책보다 한층 더 중요하다. 문재인 정부의 조세·재정 정책이 시기와 상황이 요구하던 역할에 충실했는지, 예산과 조세라는 재정 수단의 양면이 제공하는 가능성을 적극적으로 활용했는지 살펴본다.

재정 정책

문재인 정부의 재정 정책은 우선 사회 안전망 확충에 충실했다. 코로나 위기 대응도 임기 후반 중요한 업적에 속한다. 또한 한국판 뉴딜을 시작했다. 모두 아우르면 정부 역할의 강화라고 할 수 있다. 중앙정부 총지출 규모는 본예산 기준으로 2016년 386.4조 원에서 2021년 558조 원으로 171.6조 원 증가했다. 연평균 7.6퍼센트 증가한 것이다.

정부 총지출 규모의 증가가 반드시 국가 채무 비율의 증가로 이어지는 것은 아니다. 추경을 통한 재정 지출까지 포괄하기 위해 정부 결산 자료를 중심으로 살펴보자. 문재인 정부 초기이던 2018년과 2019년에 정부 총지출은 각각 소폭과 중폭으로 6.8퍼센트포인트, 11.7퍼센트포인트씩 증가했다. 이런 총지출 증가율의 적정성을 판단할 때는 인플레이션을 감안한 5퍼센트 수준의 명목 경제 성장률을 염두에 둬야 한다. 국가 채무는 GDP와 같은 비율로 증가해 국가 채무 비율은 제자리에 머물렀다. 2017년의 국가 채무 비율 36.6퍼센트는 2018년에도 같았고 2019년에는 0.1퍼센트포인트 줄어 36.5퍼센트였다.

다음 2년 동안은 코로나로 인해 완전히 다른 양상이 펼쳐졌다. 방역에 필요한 조치와 민생 안정이 무엇보다 필요한 시기였다. 2020년과 2021년에 지출 확대는 각각 전년 대비 13.4퍼센트포인트, 9.3퍼센트포인트였으나 같은 기간 통합 재정 수지 적자의 크기는 GDP 대비 3.7퍼센트와 1.5퍼센트에 그쳤다. 미국의 경우에는 코로나로 인한 재정 지출이 GDP 대비 15퍼센트에 달했다. 지출 확대는 G7이나 OECD 국가들과 비교할 때 낮은 수준이었으며, 방역의 효과나 경제에 미친 영향 면에서 한국은 세계적 모범이 되었다.

문재인 정부 마지막 해이던 2022년은 윤석열 정부와 나눠 재임하는 기간이었다. 코로나 대응의 마무리와 경기 침체 대비를 위해 확장 재정을 유지했고, 총지출은 13.6퍼센트포인트 늘었다. 두 차례의 추경 중 1차는 문재인 정부 기간(17조 규모)에, 2차는 윤석열 정부 기간(62조 규모)에 실시했다.

국가 채무는 2016년 627조 원에서 2021년 956조 원으로 329조 원 증가했다. 금융성 채무를 제외한 적자성 채무는 같은 기간 360조 원에서 604조 원으로 244조 원 증가했다. 증가율은 연평균 10.9퍼센트였다. GDP 대비 공공복지 지출 규모는 2016년 9.9퍼센트에서 2019년 12.2퍼센트로 증가했다. 하지만 OECD 국가 평균(20.0퍼센트)과는 여전히 격차가 컸다. 2017~2021년 본예산 기준 총지출 증가액 171.6조 원에서 보건·복지·고용이 76.3조 원(44.5퍼센트)으로 가장 큰 비중을 차지했으며, 세부 내용을 보면 노동 18.2조 원(24.1퍼센트), 공적 연금 17.8조 원(23.6퍼센트), 주택 14.2조 원(18.8퍼센트)의 증가 폭이 큰 것으로 나타났다(소득주도성장특별위원회, 2022).

문재인 정부는 재정 지출을 경제 정책 수단으로 적극 활용했다. 코로나로 인한 민간 소비 및 투자 위축을 정부 부문의 재정 지출을 통한 성장 기여도 확대를 통해 보완했다. 2018년 이후 민간의 성장 기여도가 떨어진 가운데, 2019년 경제 성장률 2.2퍼센트 중 정부 기여도는 1.6퍼센트포인트로 민간 기여도 0.7퍼센트포인트를 크게 상회했다. 2020년에는 민간 부문의 마이너스 성장률 −1.9퍼센트를 정부 부문의 성장 기여도가 보충해 전체 성장률은 −0.7퍼센트가 되었다(소득주도성장특별위원회, 2022). 따라서 정부가 시기와 상황이 요구하는 적절한 정책을 선택해 국민 경제를 성공적으로 이끈 사례라고 판단한다.

문재인 정부 초기이던 2018년까지는 성장이 잠재 성장률에 미치지 못하는 불황 국면이었음에도 불구하고 재정의 역할이 상대적으로 취약했다. 2019~2020년에는 재정을 확장 운용했지만, 2018년과 2021년에는 본예산 대비 초과 세수가 각각 25.4조 원과 60조 원에 달한 것에 비해 경기에 대응하는 재정의 역할은 미흡했다. 초과 세수가 예산에 비해 크게 높은 경우 민간에서 정부 부문으로 자원이 유출한 것으로, 정부가 추경을 통해 이를 사용하지 않는다면 결과적으로 경기를 위축시키는 것이다.

문재인 정부에서 한국판 뉴딜을 설계한 것은 긍정적으로 평가할 수 있다. 기후 위기·분배 위기·저성장 위기에 노출된 한국 경제의 취약점을 제대로 파악하고, 정부만이 할 수 있는 선도적 투자를 통해 민간의 투자를 유도하겠다는 계획은 현실적이고 올바른 방향이자 절박한 과제다. 그렇기에 이 계획을 시작하는 데 그치고 실행은 대부분 다음 정부에 미뤄 현재까지 진전이 부족한 것이 더욱 아쉽다.

윤석열 정부는 선행 조처로 세수를 줄여놓고 재정 건전성을 주장하며 지출을 줄이려 한다. 이는 시대착오적이며 사회적·경제적 상황에 부적합하다. 피할 수 없는 사회적 투자는 단기적 재정 건전성이 아니라 장기적 재정 건전성을 고려해, 세금과 국가 부채의 균형이 맞게 결정해야 한다. 건전성의 틀에 갇혀 재정을 운용하는 경우 경기 침체는 물론이고 성장 잠재력도 약화한다.

문재인 정부 후기이던 2020~2022년 재정은 각각 전년 대비 65조

원, 51조 원, 82조 원 규모로 중폭 이상 확장했으나 국가 부채 비율은 GDP 대비 6.1퍼센트포인트, 3퍼센트포인트, 2.4퍼센트포인트 늘었다. 증가 수준에 차이가 있던 것은 2020년에는 GDP 성장이 취약했으나, 2021년과 2022년의 경우 건조한 GDP 성장으로 세수도 늘어났기 때문이다. 총지출이 늘어도 성장과 세수가 좋으면 국가 부채 비율 증가는 낮은 수준에 그친다. 성장률을 제고하는 정부 지출이라면 단기적으로 부채가 늘더라도 이행하는 것이 올바른 정책이다.

조세 정책

문재인 정부 전반기(2017~2019년)의 조세·재정 정책이 분배 구조 개선과 과세 형평성 제고에 중점을 뒀다면, 후반기(2020년 이후)에는 코로나 위기에 대응하기 위해 경제 활력 회복과 사회적 포용 기반 확충에 집중했다. 문재인 정부는 2017년 임기를 시작하면서 국정 운영 5개년 계획의 100대 국정 과제를 선정하고, 이를 실행하기 위한 세입 확충과 5년 동안 82.6조 원의 재원 조달 규모를 제시했는데, 정부의 역할이 늘어난 것을 고려할 때 불충분한 수치였다. 세입 확충의 내용은 초과 세수 증대(60.5조 원)와 비과세 정비 등(17.1조 원)으로 적극적 증세를 고려하지 않았다.

  문재인 정부 기간에 이뤄진 세법 개정의 골자를 살펴보면, 우선 과세 형평성을 높이기 위해 소득세·법인세 최고 세율을 인상했다. 그러나 적용하는 소득 구간을 높게 설정해 경제 효과가 크지 않았고 상징적 움직임에 그쳤다. 그 외에 대주주에 대한 주식 양도 소득세, 일감 몰아주기에 대한 증여세, 주택 임대 소득 과세를 강화하고 대기업 R&D 비용 세액 공제, 상속·증여세 신고 세액 공제를 축소했으나 역시 파급 효과는 미약했다. 기업에 대한 조세 지원은 임기 후반 통합 투자 세액 공제 도입으로 더 확대했다. 종부세 강화의 경우 임기 초반에는 재정개혁특별위원회의 권고를 수용하지 않아 적기를 놓쳤고, 임기 후반에는 부동산 시장의 급격한 가격 상승 이후 시행한 탓에 정책 효과를 거두지 못했다. 임대 사업자에 대한 세제 지원은 박근혜 정부에서 도입한 것이기는 하나 문재인 정부에서 계속 활용함으로써 다주택자들이 투기 행위에 이용하는 결과를 야기했다.

한편 문재인 정부는 근로자·중소상공인 등 소득 취약 계층을 위해 다양한 지원 세제를 신설하거나 확대했다. 고용 증대 세제를 신설하고 대상을 확대했으며, 중소기업·중견기업 육아 휴직 복귀자 인건비 세액 공제도 신설했다. 근로 시간을 단축한 기업과 비정규직을 정규직으로 전환한 기업에 대한 세제 지원, 중소기업 고용 증가 인원에 대한 사회 보험료 세액 공제, 고용을 유지한 중소기업 중 과세 특례 적용 대상과 근로 소득을 증대시킨 기업에 대한 세액 공제, 생산직 근로자 야간 근로 수당에 대한 비과세를 확대했다. 또한 중소기업 취업자에 대한 소득세를 감면하고, 일용 근로자의 근로 소득 공제 금액을 인상했다. 무엇보다 경제적 의미가 큰 내용은 취약 계층에 대한 근로·자녀 장려금 적용 범위를 확대하고, 지급액을 상향 조정한 것이다.

조세 정책 그리고 재정 지출 중 취약 계층에 대한 이전 소득 지급은 소득을 사회 계층 간에 재분배하는 기능을 하며, 이는 정부의 중요한 역할이다. 문재인 정부는 이 두 가지를 통해 계층 간 소득 재분배를 강화했다. 그러나 효과는 크지 않았다. 소득 불평등의 정도를 측정하는 지니 계수 감소율은 2016년 11.7퍼센트에서 2020년 18.3퍼센트로, 같은 기간 소득 5분위 배율의 감소율은 35.8퍼센트에서 48.5퍼센트로, 빈곤율 감소율은 11.1퍼센트에서 28.2퍼센트로 증가했다. 그러나 소득 재분배 효과는 OECD 국가 평균보다 크게 낮았다. 2018년 우리나라 조세 및 이전 지출에 따른 지니 계수 및 빈곤율 감소율은 각각 14.2퍼센트와 16.1퍼센트였지만, OECD 국가 평균은 33.1퍼센트와 56.8퍼센트였다. 또한 2018년 가처분 소득을 기준으로 측정한 우리나라의 소득 불평등 순위는 OECD 29개국 중 여덟 번째로 높은 수준이었다(소득주도성장특별위원회, 2022).

문재인 대통령 재임 기간에 세제 개편으로 조세 부담률이 증가하고 조세 부담의 누진성도 높아졌다. 조세 부담률은 이명박 정부(2008~2012년)에서 1퍼센트포인트 감소하고, 박근혜 정부(2013~2016년)에서 0.5퍼센트포인트 증가했지만, 문재인 정부(2017~2020년)에서는 1.7퍼센트포인트 증가해 2020년 20.0퍼센트를 기록했다. 하지만 여전히 OECD 국가 평균(2019년 24.5퍼센트)에 못 미치는 수준이다. 국세청의 〈국세통계연보〉 자료를 이용해 산출한 전체 근로 소득세의 평균 세율 누진도는 2016년 0.035에서 2020년 0.036으로 거의 변화가 없었고, OECD 국가 평균보다 낮았다(소득주도성장특별위원회, 2022). 그렇지만 조세 부담률 증가는 세제 개편을 떠나, 초과 누진 세율을 적용하는 직접세 구조에서 GDP 증가율에 비해 세수 증가율이 높은 경우 일반적으로 나타나는 현상이다. 문재인 정부가 세제 개편을 통해 재정 지출을 위한 재원을 확보하고 과세 공평성을 이루겠다는 의지가 강했다거나, 이를 실행하는 과정에서 조세 부담률 및 조세 부담의 누진성이 높아졌다고 보기는 어렵다.

재정 지출에 비해 세입 기반 확충을 위한 노력은 소극적이었다. 세입 잠재력을 제대로 활용하지 않은 것은 더 낮출 수도 있었던 재정 적자 및 국가 채무의 증가, 취약한 분배 개선 효과로 귀결했다. 문재인 정부에서 부동산 등 자산 관련 조세 정책의 일관성 및 적극성 부족으로 부동산 시장은 불안했고, 정부 정책에 대한 신뢰도 떨어졌다. 선거를 의식해 여론에는 민감했으나, 공정한 자산 과세가 양극화 사회의 격차 완화에 얼마나 중요한지에는 크게 관심을 두지 않았다.

부동산 정책

문재인 정부의 부동산 정책은 시장을 안정시키지 못했다. 그리고 당시 여당이던 민주당은 선거에서 좋게 평가받지 못했다. 문재인 정부의 정책 책임자는 세제의 정책 효과를 부인하고 대출 규제의 실패는 시인하는 견해를 표명했지만, 정책 실패는 금융과 세제 영역에 걸쳐 두루 일어난 것으로 보인다.

금융 정책의 실패로는 정책 실행 과정에서 대출 규제의 유효성을 확보하지 못한 것, 그리고 전세금 대출 정책의 최종 결과를 충분히 고려하지 못한 것을 들 수 있다. 대출 규제, 특히 총부채 원리금 상환 비율(Debt Service Ratio, DSR) 규제의 필요성은 문재인 정부 초기부터 논의했으나, 부동산 가격 급등이 큰 사회적 이슈로 부각한 임기 말까지도 제대로 실천하지 못했다. 그때까지 금융 기관들은 시장에 유효하게 작용할 수준의 DSR 규제를 피했다. DSR의 본래 의의인 차주별 DSR 규제 근처에는 가보지도 못했다. 정책 책임자가 부동산을 금융 현상으로, 부동산 가격을 유동성이 전적으로 결정하는 것으로 이해했다면 왜 부동산 가격 폭등에도 불구하고 대출 규제를 제대로 실현하지 못했는지 여전히 의문이다. 가격이 상승하는 동안 부동산 관련 대책 회의를 계속하고 가격 자료는 주 단위로 보고받았을 텐데 말이다.

전세 자금 대출은 임대인들에게 전세 가격을 높일 수 있는 기회를 제공했고, 이는 가격 상승을 부추겨 갭투자자들에게 유리한 여건을 조성했다. 결과적으로 전세 자금 대출은 부동산 가격 상승의 사다리 역할을 했다. 어려움을 겪는 임차인들에게 전세 대출을 안 해주기 어려웠던 것은 분명하다. 그러나 그 효과를 끝까지 생각했다면 선택해선 안 될 정책이었다.

문재인 정부는 세제 영역에서도 임대 사업자에 대한 세제 특혜와 보유세·양도세 강화라는 실기로 시장에 잘못된 유인을 제공했다. 다주택자들이 임대 사업자 역할을 하도록 하는 데는 한계가 있다. 임대 사업자가 보유한 주택을 임대하는 것은 임대 시장에서는 공급을 확대하는 효과가 있겠지만, 매매 시장에서는 공급을 축소한다. 주택의 매매 시장과 임대 시장은 서로 연동한 시장이라 임대 시장에서 공급 확대가 임대 가격 안정에 기여하더라도, 매매 시장에서 공급 축소가 매매 가격 상승을 야기하면 이는 임대 시장에서 다시 가격 상승 기제로 작용한다.

더 중요한 점은 임대 사업자에 대한 세제 지원 수준이 지나쳤다는 것이다. 임대 주택은 임대 사업자에게 사업용 자산이므로 종부세와 취득세를 과세에서 제외하는 것은 적절하다. 그러나 양도 소득세의 과세 제외는 분명 지나치다. 양도 소득세 특혜로 인해 민간 임대 주택이 늘어날 뿐만 아니라, 임대 사업을 갭투자의 방편으로 삼아 비과세 양도 소득을 얻기가 매우 유리해진다.[1] 임대 소득세에 대한 특혜도 문제였지만 결정적인 것은 양도 소득세에 대한 것이었다.

부동산을 금융 상품으로 보는 것에 동의한다. 아파트라는 공동 주택의 비율이 높은 한국의 부동산 시장은 상품의 비교 가능성 측면에서 다른 나라의 부동산 시장보다 금융 상품의 성격이 더 강하다. 금융 상품의 성격이 강하다는 것은 수익을 보고 투자한다는 의미로, 부동산이라는 상품을 원래 용도인 주거 측면에서 판단하지 않는다는 것이다. 그런데 금융 상품의 수익성을 결정하는 것은 일반적으로 세제다. 투자자에게는 세후 수익율이 관건이기 때문이다.

부동산 투자는 결국 시세 차익, 즉 양도 차익을 노리고 하는 투자이므로, (세후) 양도 소득에 영향을 주는 양도 소득세는 한국의 부동산 투자자들에게 매우 잘 작동하는 정책 수단이다. 다만 양도 소득세는 양도 소득이 실현돼야 과세하기에 납세자들이 양도세율이 완화할 때까지 매각을 미룰 수 있다. 종부세는 그 부담이 보유 기간에 비례하기 때문에 양도세의 취약점을 보완해준다. 양도세의 동결 효과를 보유세를 통해 보충하는 것이다.

양도세와 보유세가 상보적으로 작용한다면 부동산 시장에 유효한 정책 수단이 될 수 있다. 문재인 정부가 양도세와 보유세로 다주택자들의 갭투기 기회를 차단했다면, 당시의 저금리 상황은 어느 정도 올라간 부동산 가격에도 불구하고 내 집 마련을 원하는 많은 이들에게 대출 비용을 낮추는 좋은 기회로 작용했을 것이다. 그렇게 하지 못했기 때문에 부동산 가격이 앙등한 것이다. 고가의 1주택 보유자에 대한 과도한 종부세·양도 소득세 공제 혜택도 '똘똘한 한 채' 쏠림 현상으로 인한 가격 인상을 주변 지역으로 확산시켰다. 그렇기에 문재인 정부의 마지막 정책 실패로 종부세를 꼽지 않을 수 없다. 정책 실패의 시기는 세제 영역에서는 정부 전반기, 금융 영역에서는 후반기였던 것으로 보인다.

금융이 부동산 가격에 세제보다 빨리 영향을 준다고 해서 세제가 부동산 가격에 영향이 없다고 보는 것도 난센스다(이태리, 박진백, 2023. 1. 30.). 우리나라에서 종부세를 일정한 기간 동안 일관성 있게 시행해 본 적이 없다. 주택 보유에 대한 과세의 효과를 계량적으로 분석할 데이터가 우리에게는 없는 것이다.

맺음말

문재인 전 대통령은 선거 과정에서 불평등과 차별을 해소하는 정치를 국민들과 약속했지만, 그 약속을 지키기 위한 노력은 부족했다. 여론의 편향적 지형 속에서 어렵게 재정을 통해 복지·노동 분야의 사회 안전망을 확충하는 성과를 거뒀지만, 조세·재정 정책 수단의 잠재력을 담대하게 활용해 시대와 상황이 요구하는 정책을 충분히 실행하지는 못했다. 조세·재정 영역의 성과는 부동산 영역의 실패로 무색해졌다.

정치 집단에게 선거는 피할 수 없이 계속된다. 이런 선거에 정당의 정체성과 가치에 입각한 정책으로 임해야 한다. 문재인 정부도 선거를 의식하지 않을 수 없었겠지만 정책 수단 투입에 과단성과 실행력이 부족한 모습을 보였다. 결과적으로 선거를 통한 평가도 좋지 않았다.

관료 집단과 의사소통에서도 문제가 있던 것으로 보인다. 국민이 선출한 정치 권력으로서 문재인 정부가 추구한 포용과 균형 성장 기조는 정치적·경제적 명분이 충분했지만, 정책을 실행하는 기재부나 금융 관료들을 그들이 전통적으로 중시하는 재정보수주의·시장자유주의에서 두 발짝 이상 벗어나게 만들지 못했다. 문재인 정부에서 한 발짝 움직인 그들은 정권이 바뀐 즉시 반대 방향으로 세 발짝 되돌아갔다.

5부

사회 보험과 조세·재정 정책

14

사회 보험 재정

연금 제도 개혁과 관련한 소모적 논쟁이 계속되고 있다. 재정 안정화도 중요하지만 노후 소득 보장 체계와 건강 보험은 사회 안전망으로서 역할에 더 충실해야 한다.

사회 보험 재정의 장기적 안정성

다른 OECD 국가들에서 비슷한 경우를 찾기 힘들 정도로 우리나라에서 저출생이 급속한 이유는 어디 있을까? 바로 사회 불안정에 있다. 사교육비, 주거비, 보육의 어려움, 의료와 노후에 대한 불안, 20대의 구직난……. 대한민국은 아이를 출산해 세상에 내보내기 두려운 사회다. 현재의 저출생은 우리나라의 존속까지 위협하는 정도다. 이런 저출생을 야기하는 사회 불안정에서 탈출하기 위해 사회 안전망 확충이라는 대책이 필요한 것인데, 고령화와 저출생으로 인한 재정의 어려움을 핑계로 사회 안전망 확충을 미뤄야 한다고 하면 논리의 앞뒤가 바뀐 것이다.

복지는 그저 저소득층을 위해 고소득층이 양보하는 분배의 문제일 뿐인가? 경제학자라면 (후생경제학의 관점에서) 복지가 분배뿐만 아니라 효율성의 측면에서도 바람직하다는 것을 부인하기 어렵다. 위험을 피하려는 개인의 입장에서 보면 국가의 개입을 통한 사회 보험 확충은 사회 후생을 높이는 파레토 개선에 해당한다.

물론 사회 복지의 수준은 적정해야 한다. 이 수준이 지나치면 효율성 측면에서 역효과가 발생하기 때문이다. 즉 경제 활동에 대한 부정적 인센티브를 제공할 수 있다. 하지만 OECD 국가 평균보다 훨씬 낮은 GDP 대비 사회 보장 지출, 심각한 저출생을 야기하는 다양한 사회적 불안 요인과 그 속에서 어렵게 삶을 이어가는 동시대인들의 모습을 보면 우리 사회의 복지가 적정 수준을 한참 밑돈다는 것은 분명하다.

사회 복지의 중요한 부분인 노후 소득 보장과 건강 보험을 사회 보험 체계에 맡겼으므로, 그 재정을 장기적 관점에서 살펴보는 것은 중요하다. 사회보장위원회 사무국 재정·통계전문위원회(2016. 12. 27.)의 장기 재정 전망에 따르면 사회 보험 재정은 2018년 GDP 대비 6.9퍼센트에서 2060년 23.8퍼센트로 크게 증가할 것이다(그림 4.6 참조). 중장기적으로 가장 취약한 사회 보험은 건강 보험[1](장기 요양 보험 포함)이며, 국민연금 재정도 지속 가능성에 문제가 있다.

국민연금을 중심으로 하고 퇴직 연금 및 개인연금이 이를 보완하는 구조에 근본적 변화가 필요하다. 건강 보험 재정에서는 효율적 비용 관리 정책이 매우 중요하다. 세금과 유사한 성격인 건강 보험 기여금 체계는 가능한 한 넓은 세원으로 확대해, 보험료율이 지나치게 상승하지 않도록 관리할 필요가 있다.

장기적 GDP 전망에서 보건 분야 지출 비중의 증가는 고용을 수반하는 큰 관련 산업 섹터가 등장한다는 의미이기도 하다. 의료 및 의약 분야는 수준 높은 인적 자원을 바탕으로 고부가가치를 창출하는 미래 산업으로, 관련 기술을 선점한 국가에게는 넓은 해외 수요가 열린다. 즉 보건 분야 지출의 장기적 증가는 비용 요인이기도 하지만 동시에 사회 발전의 기회를 제공하는 것이다.

연금과 조세 정책

근로자들의 노후 소득으로서 연금의 경제적 중요성은 아무리 강조해도 지나치지 않다. 무엇보다 강조해야 할 점은 국민연금의 소득 대체율을 강화해야 한다는 것이다. 재정 안정을 위해 소득 대체율을 약화시키는 것은 개혁이 아니라 본말이 전도된 것이다. 취약한 노후 소득 보장 기능을 강화하는 것이 개혁의 목적이며 본질이다. 필요하면 기여금을 높여야 하고, 이는 본질에 부수적으로 따라오는 것이다. 재정 건전성은 중요하지만 연금 개혁의 유일한 목표가 아니다.

근로 소득자들이 국민연금공단에서 지급받는 연금 액수가 적기 때문에 사적 연금에 가입하거나 다른 노후 대책을 마련해야 하는데, 정부는 이를 정책적으로 방치하고 있다. 개인들이 강제적인 공적 연금과 사적 연금에 납부하는 기여금은 모두 노후를 위한 저축의 성격이지만, 현재와 같이 국민연금에 대한 신뢰가 약하면 개인들이 선택하는 노후 대비 저축의 총액은 비합리적으로 높아지기 마련이다. 결과적으로 현 시점의 소비는 심각하게 위축하며 이는 국내 경기에 부정적 영향을 미친다.

사적 연금을 취급하는 금융 기관은 국민연금에 비해 상대적으로 비효율적일 수밖에 없다. 규모의 경제와 위험 분산으로 인해 기금 운용 수익률이 떨어지고, 모집 수당과 광고비를 추가로 지급해야 하기 때문이다.

국민연금 제도에서 기금 운영 방식을 부과식으로 할지 적립식으로 할지는 논란의 중심이다. 이 과정에서 세대 간 형평성의 문제도 거론한다. 중요한 점은 기금을 적립식으로 운영하더라도 미래의 어떤 시점에 국민 총생산이 심하게 위축한다면, 경제 활동을 하는 세대와 은퇴한 세대 사이의 분배 문제가 첨예해지기는 마찬가지라는 것이다.

추계에 따르면 1943년생 남성 가입자는 국민연금에 낸 보험료보다 2.8배 많은 연금을 받지만, 1990년생 가입자는 1.62배만 받을 수 있으니 세대 간 격차가 크다. 그러나 이런 차이는 국민연금 제도 창설 초기의 특수한 상황에서 연금 급여를 지나치게 관대하게 책정한 데 기인하므로 적절한 비교라고 보기 어렵다.

현재 우리나라 국민연금이 적립하고 있는 기금 규모는 세계적으로 손꼽을 정도다. 국내 자본 시장의 크기와 비교하면 세계에서 유례가 없다. 앞으로 그 규모가 더 커진다면 경제에 또 하나의 불안 요인으로 작용할 수 있다. 운용 기금을 국내에 그대로 두자니 내수 경기 상황에 따른 수익률이 불안정하고, 국외로 보내자니 소비를 줄이고 모은 돈을 해외에 투자하는 것이 국내 경기에 좋을 수 없다.

더 우려스러운 것은 해외 투자의 위험성이다. 세계 금융 시장은 인적 네트워크로 연결된 정보 사회이자 무서운 전쟁터다. 독수리들의 시체 뜯어 먹기 전쟁에서 우리 금융 기관의 인적 네트워크와 정보력이 과연 충분할까? 2008년 금융 위기에 도산 직전의 리먼 브라더스를 인수하려던 한국 정부와 금융 기관들의 정보력과 판단력을 상기해야 한다. 독수리가 되려다 시체가 될 수 있다.

수명은 늘어나고 출산율은 낮아지는 고령화 사회에서 국민연금을 적립식으로 운영해야 세대 간 형평성을 확립할 수 있다는 논리는 부분적으로만 타당하다. 이자율이 낮은 시기에 적립식 기금 운영은 대체로 적합하지 않다. 출산율이 저하하고 고령화가 진행되면, 생산 인구가 감소하고 자본에 대한 노동력의 희소성이 강해지면서 이자율 저하를 피할 수 없게 된다. 그렇기에 부과식 연금 운용 방식 외에 대안이 없고, 장기적으로 보면 어차피 부과식으로 전환될 것이다. 중요한 것은 인구 구조 변화와 출산율 저하가 급격히 일어나지 않도록 하는 것, 그리고 연금 수급 및 은퇴 시기 등을 수명 연장에 맞춰 장기적으로 유연하게 조정해나가는 것이다.

현재의 적립금은 장기적 제도 전환 과정에서 완충용으로 활용할 수 있을 것이다. 제도를 급격히 전환해 가까운 시기에 연금을 받는 사람들이 기금의 혜택을 독점적으로 향유하게 해서는 안 된다. 연금 제도를 부과식으로 운영하는 나라들도 적절한 기간에 대한 최소한의 지불 능력은 확보하고 있다.

중요한 것은 공적 연금인 국민연금을 근로 소득자들이 노후에 의지할 수 있도록 강화하는 것이다. 이를 위해서는 근로자들이 지불해야 하는 기여금도 고용주 부담금과 함께 장기적으로 상향 조정해나가야 한다.

연금 관련 조세 정책은 어떤가? 연말 정산 관련 소득세법 개정안에서는 근로자들의 사적 연금 부담액에 대한 세액 공제율과 그 규모를 지속적으로 상향 조정해왔다. 정부는 계획에 따라 "사적 연금 활성화" 정책을 차근차근 진행하고 있다. 그러나 "사적 연금 활성화"는 "공적 연금 무력화"의 다른 이름일 뿐이다. 이는 누구를 위한 정책인가? 국민을 위한 것인가? 혹은 연금을 취급하는 금융 기관을 위한 정책인가?

연금 개혁

연금은 여러 제도적 요소로 구성되고 문제점과 개혁 방향에 대한 이해 당사자들 간 시각차가 크다. 기존 가입자들의 권리를 보장하는 동시에 제도를 개혁해야 하므로 조정 과정이 길다. 한 정부 임기 내에 마무리하기가 쉽지 않다.

연금 제도는 다섯 가지의 제도적 요소로 구성되는 것으로 보인다. 국민연금 제도를 중심으로 공무원 연금·사학 연금 등 특수 직역 연금이 존재한다. 국민연금 가입자들에게는 연금을 보완하는 퇴직금이 있고 이를 연금으로 받을 수도 있다. 그리고 누구나 매월 일정 금액을 내는 개인연금에 가입할 수 있는데, 여기에 대해서는 소득세 공제를 허용한다. 마지막으로 기초 연금은 소득이 낮은 65세 이상의 사람들에게 제공한다. 이 중 정부의 재정 지출을 수반하는 것은 세 가지로, 특수 직역 연금의 경우 고용주가 정부이므로 고용주 몫의 보험료를 재정이 부담하고, 개인연금의 경우 조세 지출의 형태로 소득을 공제하고, 기초 연금은 예산을 지출하는 방식이다.

현재 연금 개혁에 대한 논의는 국민연금을 중심으로 적정한 급여 수준 및 소득 대체율이 어느 정도인지, 재정의 지속 가능성을 유지하려면 보험료율을 어떻게 조정할 것인지에 집중하고 있다. 공무원 연금 개혁과 기초 연금 인상의 필요성에 대해서도 관심이 높다. 고용주인 기업이 국민연금에 납부하는 보험료보다 더 크게 부담하는 것이 퇴직금인데, 이 부담금이 근로자의 노후 소득 보장에 기여하지 못한다는 점은 거의 논의하지 않는다. 마찬가지로 개인연금 가입자들의 납부액과 정부의 조세 지원 역시 노후 보장에 대한 기여가 미미할 뿐만 아니라 세제 혜택이 소득 상위 계층에게만 집중된다는 점도 거론하지 않는다.

연금 재정의 지속 가능성을 중시하고 소득 대체율을 낮춰야 기금 고갈을 피할 수 있다는 주장과, 은퇴 이후의 빈곤을 막아야 하고 이미 낮은 소득 대체율을 더 하향 조정하면 안 된다는 주장이 첨예하게 대립하고 있다. 2055년에 기금이 고갈된다는 재정 계산 결과를 감안하면 제도 변화를 추구하지 않을 수 없다. 동시에 연금 수급자들이 받는 급여액 평균이 2021년 말 기준 약 55만 원으로 매우 낮다는 점을 고려하면, 연금의 보장성을 낮추기도 어렵다. 국민연금이라는 틀 안에서는 어떤 방향으로든 움직일 수 있는 여지가 보이지 않는다.

연금이라는 사회적 계약의 성격에 대해 근본적으로 다시 생각해볼 필요가 있다. 근로 활동을 하던 사람이 은퇴하면 다음 세대가 뒤를 잇고 사회는 지속한다. 공적 연금이 사적 연금과 다른 점은 개인이 근로 활동을 하던 시기에 적립한 소득을 기반으로 받는 것이 아니라, 근로 활동을 하고 있는 세대가 은퇴한 세대의 노후 소득을 부담하도록 국가가 제도적으로 보장한다는 것이다. 공적 연금 운영 방식을 부과식 혹은 적립식으로 선택할 수는 있으나, 적립식 운영이 공적 연금의 본질은 아니다. 회계를 통해 근로 시기의 소득을 적립하고 은퇴 시기의 몫을 계산할 수는 있지만, 현실적으로 한 시대의 사회적 생산물은 그때 생존하는 근로자와 은퇴자들이 분배하고 소비할 수 있을 뿐이다.

결국 연금이라는 노후 소득 보장 제도는 활동하고 있는 근로 세대가 사회적 생산물을 은퇴 세대에게 나눠주는 대신, 다음 세대의 사회적 생산물 일부를 노후 소득으로 받도록 제도화하는 것이다. 출산율을 일정하게 유지하고 인구 구조가 변화하지 않는다면 부과식인지 적립식인지가 차이를 만들지 않는다. 적립 기금이 자본 시장의 불확실성에 노출되면 문제를 야기할 수 있다는 점에서 적립식 기금 운영이 오히려 제도적으로 취약한 측면이 있다.

출산율과 인구 구조가 변한다면 사정이 달라지겠지만, 그렇지 않다면 앞으로 출산율 저하에 대비해 시간적 여유를 두고 연금 제도를 조정할 필요가 있다. 노후 소득 보장 수준이 낮은 점을 고려할 때 소득 대체율을 낮출 수 없다면 보험료율을 올리는 것이 대안으로 남는다.

그러나 이는 다른 구조 개혁 이후 마지막에 해야 할 조치다.

출산율 저하로 미래에 근로라는 생산 요소 투입이 줄기는 하겠지만, 사회적 생산물의 규모가 얼마나 축소될지는 따져봐야 한다. 근로와는 달리 저출생에도 불구하고 미래 사회의 물적 자본은 줄지 않는다. 따라서 1인당 물적 자본은 큰 폭으로 증가할 것이다. 사람들은 미래에 4차 산업혁명으로 기계와 로봇이 노동력을 급속도로 대체해 일자리가 감소할 것을 두려워한다. 즉 소수의 근로자로도 충분한 사회적 생산이 가능하다는 것이다. 이는 저출생과 인구 구조 변화에도 불구하고 은퇴 세대에게 나눠줄 사회적 생산물을 만들 수 있다는 의미다. 생산 구조가 근본적으로 바뀌는데, 근로자 1인당 부양해야 하는 은퇴자 수를 단순 계산하면서 연금 재정의 지속 가능성을 걱정하는 일이 무슨 의미가 있을까?

소득 대체율이나 보험료율 조정 외에도 연금 재정의 지속 가능성을 제고할 수 있는 다른 대안이 존재한다. 우선 연금을 받는 시기를 조금씩 늦춰가는 방안을 생각해볼 수 있다. 수명이 길어지면 건강 수명도 길어진다. 정신적 건강 수명은 육체적 건강 수명보다 더 연장할 수 있다. 여기에 맞춰 연금 수급 개시 연령도 장기적으로 완만하게 조정하는 방법을 생각해보자. 노동 인구가 은퇴 시기에 점진적으로 시장에서 철수하는 방안은 인간의 신체 변화에 맞으며, 연금 재정의 부담을 완화해줄 잠재력도 크다. 그리고 기대 수명에는 소득 계층별로 차이가 있다. 소득이 높은 이들은 건강 관리를 잘해 기대 수명이 길기 때문에 연금 수급 기간도 길다. 이를 반영해 저소득층에게 보다 유리한 수급 구조를 만들어가는 시도를 해볼 필요가 있다. 보험료 부과 소득의 상한선도 높여가야 한다.

　가장 중요한 것은 앞에서 살펴본 다섯 요소로 구성된 연금 제도의 구조 개혁이다. 투입한 재원에 비해 노후 소득 보장에 대한 기여가 적은 제도를 다시 설계해야 한다. 퇴직 연금과 개인연금이 그것이다. 소득 대체율이나 보험료율을 조정하는 손쉬운 해결책보다 노후 소득 보장을 강화하는 동시에 지속 가능성도 유지할 수 있는 길을 찾아야 한다. 구조 개혁이 우선이고 보험료율 인상은 그다음이다.

연금 개혁, 퇴직 연금과 개인연금부터 바꿔야 한다

우리 연금 체계는 아직 자리 잡는 과정이고 보장 수준이 취약하다. 이는 높은 노인 빈곤율이 잘 말해주고 있다. 상대적으로 강한 소득 재분배의 요소, 즉 소득이 취약한 계층에게 유리하도록 급여 수준을 조정하는 방식이 국민연금에 대한 중상위 소득 계층의 기대 수준을 저하시키는 것도 사실이다.

　국민연금을 넘어 전체 노후 소득 보장 체계의 구조를 볼 필요가 있다. 국민연금의 틀 안에서는 가능한 급여 수준과 보험료율의 조합을 모두 검토해도 급여의 보장성과 재정의 지속성 문제를 같이 해결할 수 없기 때문이다. 국민연금을 포함해 전체 노후 소득 보장 체계를 보면 투입한 재원에 비해 노후 소득 보장에 기여도가 낮은 제도가 눈에 띈다. 바로 퇴직 연금과 개인연금이다.

　고용주인 기업이 근로자를 위해 국민연금에 납부하는 보험료(2018년

18.6조 원)보다 두 배쯤 더 부담하는 것이 퇴직금(같은 해 36.8조 원)이다. 기업은 국민연금 보험료로 연간 근로자 월급의 54퍼센트를 부담하는데 퇴직금에 대한 기여금은 연간 월급의 100퍼센트이기 때문이다. 이 정도 규모의 재원을 공적 연금 체계가 아닌 민간 금융 기관에서 관리하면서 근로자의 노후 소득에 의미 있게 기여하지 못하고 있다.

근로자들의 급여에서 직접 공제하는, 근로자 몫의 국민연금 부담은 2018년 기준 23.3조 원이다. 공무원 연금 등 직역 연금을 합해도 공적 연금 전체에서 근로자가 부담하는 액수는 31.5조 원이다. 이에 비해 개인연금과 퇴직 연금(IRP)으로 구성되는 사적 연금에서 개인들의 부담은 2018년 기준 각각 33.1조 원과 3조 원으로 총 36.1조 원에 달했다. 근로자들의 기여분이나 근로자들을 위한 기업의 기여분이나 똑같이 사적 연금에서 공적 연금보다 크게 나타난다.

적립한 퇴직금과 개인연금 펀드의 수익률 및 수수료 구조를 살펴보자. 퇴직금 적립금의 수익률은 2021년 2퍼센트에 그쳤다. 개인연금의 수익률도 높지 않았다. 광고비, 보험판매원에 대한 인건비, 임대료 등 금융 기관의 비용 구조를 감안하면 당연한 일이다. 국민연금의 총비용은 총적립금의 0.08퍼센트에 그치는 데 비해 퇴직 연금은 평균 0.45퍼센트, 개인연금은 0.37퍼센트로 상당한 차이가 있다. 개인연금에는 낮은 계약 유지율이라는 문제도 있다. 계약을 10년 이상 유지하는 비율은 절반이 안 된다.

퇴직금은 기업이 사외에 적립한다. 즉 금융 기관들이 자금을 운용하는 것인데 투자 리스크, 낮은 수익률, 높은 수수료가 문제다. 사람들은 퇴직금을 연금보다 일시금으로 미리 받는 것을 선호한다. 일시금을 수령하는 비율은 계좌 기준으로 95.7퍼센트, 금액 기준으로는 65.7퍼센트에 달했다. 결과적으로 퇴직금이 노후 소득 보장 체계로 기능하기 어렵다. 동일한 자원을 공적 연금 체계로 투입했을 때의 노후 소득 보장 효과와 비교했을 때 비효율적인 것으로 판단한다.

투입한 재원에 비해 노후 소득 보장에 기여하지 못하는 제도를 재설계해야 한다. 투입 재원이 큰 퇴직금을 노후 소득 보장에 효율적으로 활용하지 못하고 있는 것이 우리나라 노후 소득 보장 체계가 제대로 기능하지 않는 핵심 원인이다. 그렇기에 이를 연금 제도 개혁의 출발점으로 삼아야 한다. 국민연금에서 기업이 근로자를 위해 부담하는 재원은 퇴직금의 절반에 불과한데, 이런 국민연금의 틀 내에서만 제도 개혁을 하자면 국민에게 적절한 노후 소득을 보장하는 체계를 만들기가 불가능하다.

퇴직금 제도를 공적 연금으로 운영해야 한다. 기존 국민연금과 별도인 소득 비례 연금으로 운영하는 것이다. 중상위 소득 계층의 경우 퇴직금 제도를 국민연금처럼 공적 연금화하는 것을 계층 간 재분배 요소 때문에 꺼리는데, 공적 연금 내에 별도의 펀드를 만들어 현재의 퇴직금 제도처럼 소득에 비례해 운영한다면 그럴 이유가 없을 것이다. 펀드 I은 현재와 같이 운영함으로써 연금의 재분배 기능을 유지하고, 소득 비례 연금인 펀드 II는 기여금과 기금 수익률 등을 감안해 재정이 지속 가능한 범위 내에서 높은 급여액을 설정한다. 이렇게 퇴직금 제도를 국민연금 II로 전환하되, 개인들에게 강제한다면 공적 연금에 대한 현재의 신뢰 수준을 생각할 때 반작용이 우려되므로 직접 선택하는 방안이 바람직할 것이다.

더불어 소득 비례로 운영하는 국민연금 II에는 근로자가 기업의 기여분과 동액을 추가할 수 있도록 하고 여기에 대해서도 선택권을 준다. 이를 선택한다면 혜택은 두 배여야 할 것이다. 이 경우 늘어나는 기여금 부담은 근로자가 기존 개인연금을 해지해 해결할 수 있다. 이때 선택의 중립성 확보를 위해 개인연금에 대한 기존의 소득 공제 지원은 폐지하는 것이 적절하다. 비효율적인 노후 소득 보장 체계에 대한 정부의 소득 공제 지원은 비중립적일 뿐만 아니라 세수 손실이기도 하다. 조세 지원이 소득 상위 계층에게만 혜택으로 작용하는 점도 문제다.

퇴직금과 개인연금에 투입하던 기업과 개인의 재원을 소득 비례로 운용하는 국민연금 II에 집중한다면, 중상위 소득 계층의 경우 국민연금을 통한 노후 소득은 늘어나고 부동산 투자 등 다른 노후 대책의 필요성은 크게 줄어들 수 있다. 또한 정부는 가용 재원을 취약 계층의 노후 소득 보장이라는 정책 목표에 집중할 수 있다. 정부의 일반 재정을 동원하는 연금 재정 지원은 이런 정책 목표에 한정하는 것이 바람직하다.

건강 보험 부과 체계의 재정과 개편

건강 보험은 사회 보험이지만 실질적으로 부담금에는 조세와 같은 성격이 있다. 따라서 소득세 및 재산세 과세 체계를 고려하면서 응능 과세 원칙을 잘 실현할 수 있는 구조로 만들어가야 한다. 장기적으로는 모든 소득과 재산을 과세 표준으로 삼아야 한다. 일부 근로자의 경우 건보료 부담이 소득세 부담보다 높으므로 형평성에 맞게 세심한 부과 체계를 설계할 필요가 있다.

건강 보험료의 이원 체계와 그 부담

건보료는 근로 소득자(직장 가입자)와 지역 가입자로 이원화해 근로 소득자는 소득, 지역 가입자는 소득과 재산을 기준으로 징수하는 체계다. 근로 소득이 있는 사람의 경우 과거에는 근로 소득만이 건보료 산정의 기준이었으나, 현재는 이자와 임대 소득에 대해서도 보험료를 걷고 근로 소득이 있는 자녀가 있으면 피부양자로 건보료 부과 대상에서 제외하던 이들도 건보료를 납부하도록 규정을 바꿨다.

전체 건강 보험의 재정 수입은 2010년에서 2021년까지 연평균 8.5퍼센트씩 늘었다. 건보료의 연평균 명목 인상률은 2.3퍼센트로 조금씩 높아진 것에 비해 수입이 큰 폭으로 증가한 것은 바로 건보료 부과 대상 소득을 지속적으로 확대했기 때문이다. 결과적으로 2022년 건강 보험 재정은 3.6조 원의 흑자를 기록했고 적립금은 23.9조 원에 달했다. 건보료의 실질 인상률이 명목 인상률보다 2.3배 더 높았던 것이다.

지역 가입자의 경우 소득과 재산을 기준으로 건보료를 부과하는데, 예를 들면 자영업자의 사업 소득이나 은퇴자의 부동산이 있다. 2021년 지역 가입자의 건보료 부담금 10조 원 중 45퍼센트인 4.5조 원을 재산에 대한 보험료로 부과했는데, 이것이 과도하다는 주장이 나왔다. 은퇴자와 자영업자의 주머니를 터는, 재산에 대한 건보료 부과가 불공평하며 선진국 중 이렇게 하는 국가는 우리나라와 일본뿐이라는 지적이다. 그러므로 재산에 대한 건보료 부과를 없애고 소득 중심으로 건강 보험 체계를 개편해 보험료 부과의 형평성을 제고하자는 것이다.

우리나라의 건강 보험은 가장 중요한 사회 안전망이지만 그 내용이 아직 제한적이다. 개인이 감당해야 하는 의료비 비중이 크고, 가족 구성원 한 사람의 질병으로 가정생활의 기초가 무너지는 경우가 없지 않다. 고령화도 계속되면서 1인당 의료비 부담은 앞으로 빠르게 늘어날 전망이다. 결국 건강 보험의 재정 수입은 향후 더 늘려야 한다. 한국이 명목 보험료율의 증가 속도를 늦추기 위해 채택하고 실행해온 보험료 부과 대상 확대는 지금까지 몇 안 되는, 가장 잘한 정책으로 손꼽는다. 이는 앞으로도 계속해야 한다. 아직 하지 않는 다른 소득에도 차차 보험료를 부과해야 한다.

건보료를 납부하는 근로 소득의 상한선을 높이고 차제에 그 한도를 없애는 것이 바람직하다. 건강 보험 부과 체계가 응능 과세 원칙에 따른다면, 왜 현재는 소득 상한선까지만 적용하고 이 범위를 넘는 더 높은 소득(즉 더 큰 경제력)은 예외로 하는지 설득력 있게 답변하기 어렵다.

재산은 효용과 소득을 창출하는 근원이자 개인의 경제력을 판단하는 중요한 기준이다. 재산의 양극화가 심화하면서 소득보다 재산을 개인의 경제력을 유효하게 판단하는 기준으로 받아들이고 있다. 개인이 직접 사용함으로써 효용을 누리는 재산의 경우, 그 규모가 일정한 한도를 넘어선다면 다른 나라에서 하지 않더라도 과세나 건보료 산정에 참고하는 것이 옳다. 다만 현재 건보료 산정에서 재산의 소득 환산율이 과하게 높다면 이는 적절한 수준으로 조정해야 한다. 실증 분석 결과 재산을 감안한 건보료 산정으로 인해 지역 가입자들이 상대적으로 높은 보험료를 부담하는 것으로 나타난 연구가 있다. 정창률, 권혁창, 남재욱(2014)은 (저소득) 지역 가입자의 건보료 부담이 직장 가입자보다 큰 것으로 분석했다.

건보료 산정에 현재처럼 근로 소득이 없는 지역 가입자의 재산만 고려할 것이 아니라, 장기적으로는 근로 소득자의 재산도 계산해 완전한 응능 과세 체계를 만들어야 한다. 즉 건보료 부과 대상 소득과 재산을 가능한 한 넓게 확대함으로써 미래의 보험료 인상률을 낮출 수 있는 여건을 조성해야 한다.

건강 보험 혜택의 확대

현재 60퍼센트 정도인 건강 보험의 의료비 분담률을 중장기적으로 80퍼센트 정도로 높여야 한다. 모든 소득과 재산을 건보료 산정 기준에 포함하는 경우 재원이 의료비 분담률 80퍼센트를 달성하기에 충분한지는 검토해봐야 할 과제다. 가구당 연간 의료비 부담의 상한액을 정하고 이를 넘어서는 의료비는 건강 보험 재정에서 전액 부담해, 한 가계의 운영이 의료비 부담 때문에 어려워지는 일이 없도록 해야 한다. 이때 가구당 연간 의료비 부담 상한액은 일정한 액수(예: 100만 원)가 아니라 가구 연간 소득액의 일정 비율(예: 3퍼센트로 하는 경우 연간 소득이 5000만 원인 가구의 연간 의료비 부담 상한액은 150만 원)로 정하는 것이 바람직하다.

의료 비용 증가에 대한 대비 체계

건강 보험 재정이 장기적으로도 안정적인 상태를 유지하려면, 크게 증가할 것으로 전망하는 미래의 의료 비용에 대한 대비 체계를 갖춰야 한다. 의료 비용 증가는 고령화로 인한 의료 수요 증대뿐만 아니라 의료 가격 체계의 불안전성에도 기인한다. 일반 재화 시장과 달리 의료 서비스 시장은 거래에서 정보의 비대칭성과 힘의 불균형이 크게 작용하는 곳이다. 정보의 비대칭성은 의료 서비스와 약품에 대한 전문성 때문에, 힘의 불균형은 의료 서비스 수요자들이 약자이기 때문에 생긴다. 이런 특수한 시장 상황에서 정부가 제 역할을 하지 않고 의료 종사자 및 기관의 영리 추구 행위를 방치하는 경우 미국과 같은 고비용 의료 사회가 된다. 의료 비용 통제에 어느 정도 성공한 나라들의 사례를 참고해 미래의 비용 증가에 대처할 수 있는 제도적 기반을 조성해야 한다. 의료 수가 제도와 의약품 가격 제도는 의료인·의료기관·제약사의 영리 추구와 공공의 이익이 조화를 이루도록 운영해야 한다. 의료 수가 제도와 의약품 가격 제도가 정착할 수 있는 기반인 데이터는 단기적으로는 공공의료원의 것을 활용하고, 장기적으로는 모든 종합병원의 자료를 쓸 수 있도록 조처해야 한다. 의과대학 정원 확대를 통해 의료인을 충분히 확보하는 것도 중요하다.

6부

한국 사회에 필요한 조세·재정 정책

15

경제 · 인간 · 환경을 위한 조세 · 재정 정책
적극적 · 포용적 재정 운영의 필요성

불평등과 기후 변화라는 어려운 시대적 과제를 극복하기 위해 조세 · 재정 정책을 적극적으로 활용해야 한다. 문재인 정부에서 제안한 "디지털 뉴딜 · 휴먼 뉴딜 · 그린 뉴딜"은 현실과 시대에 부응하는, 유효한 정책 비전이었다.

시대적 과제로서 불평등과 기후 변화

우리가 어떤 시기를 살아가고 있는지 정확히 인지하는 것이 중요하다. 잘 기능하는 민주적 시스템에서는 이런 개인들의 자각이 정부로 하여금 시대 상황에 부합하는 정책을 채택하게 한다. 조세 정책의 역할은 어느 때보다 중요하다. 우리는 시대 상황에 맞는 정책을 택하고 있는가?

　지난 30년은 번영의 시기였고 사람들의 소득은 지속적으로 증가했지만, 규제 완화와 사회 복지 축소를 통한 성장 추구와 같은 신자유주의 정책이 세계를 지배했으며, 이런 정책은 대부분의 나라에서 계층의 간극을 넓히고 사회적 불안을 초래했다. 사람들은 평생 일하고 소비했으며 지구는 계속 파괴됐다. 팬데믹이 전환의 계기가 되었다. 재택근무로 가족과 함께하는 시간이 늘어나면서 짧은 근로 시간을 선호하게 되었다. 건강과 여가, 노인 요양을 사회적으로 더 중요하게 여긴다. 젊은이들 사이에서는 노력해도 승자의 위치에 서게 될 것 같지 않다는 정서가 확산하고 있다. 기회의 나라라고 여기던 미국에서조차 상위 1퍼센트의 소득은 1980년 이후 세 배가 됐으나, 대다수의 소득은 늘지 않거나 오히려 줄었으니 당연한 일이다.

　자원이 유한한 세계에서 영원히 성장하는 경제가 가능할까? 성장이 없다면 기업은 일자리를 줄일 것이다. 소비도 줄고 복지 수준도 내려갈 것이다. 경기가 침체할 것이다. 성장을 추구할 것인지에 대한 선택은 어렵다. 그러나 그것이 할 수밖에 없는 선택이라면? 지구가 지금처럼 계속 더워진다면 더 많은 재화 생산과 여기에 기초한 성장은 곧 불가능해질 것이다.

　세계는 두 가지 거대한 위기에 직면했다. 공급망 위기나 인플레이션과는 차원이 다른 이 두 위기는 불평등과 기후 위기다.

사회적 불균형과 정부의 역할

한국에서 특별히 필요한 정부의 역할이 있다. 한국 사회는 대기업과 하청기업, 기업과 근로자의 관계가 비정상적으로 불균형하다. 중요한 결정이나 논의가 이뤄지는 기구 및 기관에 기업 대표나 대변인은 참여하지만, 근로자는 참여하지 못하는 경우가 많다. 정부는 재벌과 대기업에 대한 편파적 지원자에서 벗어나, 그들의 시장 지배력과 소득 흡입력이 파괴하고 있는 국민 경제를 보호하는 역할을 해야 한다. 시장에서 경쟁을 살려내고 경제의 순환 장애를 극복해야 한다. 그러기 위해서는 제도와 관행을 크게 개편해야 한다.

기업 집단에 대한 경제력 집중의 해소, 대기업과 중소기업의 상생, 대주주와 소액 주주의 비례적 권리, 기업과 근로자의 동등한 관계를 위해 정부가 해야 하는 역할이 크다. 정부와 국회는 경제 관련 법률과 규정을 만들고 집행하는 과정에서 공정성을 확보하기 위해 노력해야 한다.

기업은 규정 위에 군림하거나 개정에 영향을 미쳐서는 안 되고, 규정을 지키며 활동해야 한다. 그렇게 되려면 상법·공정거래법·민법·형법·금융 관련법을 상당 부분 개정해야 할 것이다. 또한 기업은 자신의 사회적 책임을 인지하고 기본적 윤리 규범을 준수해야 한다. 기업의 주된 활동은 좋은 제품과 서비스를 사회에 제공하고 이 과정에서 경쟁력과 고용을 유지하는 것이지만, 세금을 성실하게 납부함으로써 이익의 일부를 사회와 나누는 것, 그리고 대기업의 경우 이익을 중소기업과 적절히 분배하는 것도 중요한 사회적 의무라는 것을 인식해야 한다.

인적 자원과 재정

한 사회가 불평등해지면 그 사회의 경제 발전 속도도 늦어진다. 불평등은 대를 이어 세습되고 취약한 가정에 태어난 이들은 인적 자원을 충분히 개발하기 어렵다. 재정 정책은 정부의 세입과 세출 양방향에서 소득과 자산의 격차를 줄이게끔 재원을 조달하고 사용해, 양극화를 점진적으로 해소하는 역할을 해야 한다. 그러나 불평등 해소와 계층 이동성 복원은 인적 자원 개발의 필요조건이지 충분조건이 아니다. 정부가 소득과 자산이 취약한 가정에서 태어난 사람들도 좋은 교육의 기회를 얻도록 학교를 비롯한 서비스를 충분히 제공하는 것이 지속적 경제 성장을 위해 필수다.

공정한 대학 입시가 중요하다. 대학 입시는 젊은 인재의 능력을 평가하는 공공재다. 그 공정성에 문제가 있다면 훌륭한 국가적 자원이 사장되고 경제 성장의 가능성도 함께 훼손된다. 고액 과외를 하거나 특별한 고등학교를 다니지 않아도 노력하고 재능 있는 사람이 좋은 대학에 갈 수 있는 입시 제도를 만들어야 한다. 수도권을 넘어 나라 전체에서 인재를 찾아야 한다. 서울의 강남 3구 소재 고교 출신의 명문대 합격률은 지방과 격차가 크다. 통계적으로 설명이 안 되는, 부자연스러운 수준이다. 인재가 강남 3구에서만 나오란 법은 없다. 입시에서 창의력을 핵심 기준으로 삼아 인재를 선발해야 한다.

대학은 변화하는 산업이 요구하는 고등 교육의 기회를 제공하는 동시에 인문·예술 교육과 인성·교양 교육도 충분히 해야 한다. 의대 정원 동결과 이로 인한 의사들의 고수입으로 자연계 인적 자원의 의대 쏠림 현상이 심각하다. 이는 인적 자원 배분의 왜곡을 초래한다. 우수한 인력이 의학 분야로 몰리지 않고, 다른 중요한 이공계 분야에 부족하지 않게 만들어야 한다. 지역 거점 대학 육성을 위해 재정을 대폭 지원하고 수도권 대학에 대한 재정 지원은 줄여가야 한다. 지역 거점 대학에서 공부하는 소득 취약 가계의 자녀들에게 학비 및 생활비 전액을 무이자로 융자하고, 이들이 취업 후 충분한 소득이 있을 때 상환하도록 기다려줘야 한다.

우리 내부의 인습적 식민지에 대해서도 깊이 생각해볼 필요가 있다. 현재 여성 인력이 능력이 동등한 남성에 비해 차별받고 있다고 주장하려는 것은 아니다. 내가 말하고자 하는 바는 여성이 여전히 존재하는 인습의 장벽으로 인해 사회로부터 자기 개발의 기회를 충분히 제공받지 못하고 있다는 것이다. 여성의 지적 능력이 남성에 비해 조금도 부족하지 않다는 것, 그리고 종합적 판단 능력이나 균형 있는 사고, 섬세함의 측면에서 뒤지지 않는다는 것은 전 세계의 사회 현장에서 드러나고 있다. 한국 사회는 여성들의 잠재력을 잘 개발하고 충분히 활용하고 있는가?

한국의 여성 고용률은 2022년 처음으로 60퍼센트대에 진입했다. 그러나 성별에 따른 임금 격차는 여전해 여성 월평균 임금은 남성의 70퍼센트에 그쳤다. 여성 저임금(중위 임금의 3분의 2 미만) 근로자 비중은 남성의 두 배였다. 또한 가사 노동은 여성의 몫이라는 인식이 오랫동안 자리 잡고 있다. 두각을 나타내는 뛰어난 여성은 많지만, 그렇다고 한국 사회에서 여성에 대한 인습적 차별의 문제가 사라진 것은 아니다.

출산의 어려움은 미래에도 어쩔 수 없이 여성의 몫으로 남는다. 그렇기에 사회는 여성의 직업 활동에 어려움이 없도록 최대한 배려해, 대한민국 인구의 절반인 여성의 가능성이 사장되지 않도록 해야 한다. 육아로 인해 직장에서 경력 관리가 어려워지지 않도록 노동 환경 법제화에 만전을 기해야 하며, 육아나 교육 관련 사회 인프라를 우선순위로 해결해야 한다. 무엇보다 가족 내에서 남성들의 배려가 중요하다.

경제 발전의 기본이자 첩경은 이 땅에 한국인으로 태어난 모든 사람이 세계에서 인정받는 창의적인 인적 자원으로 성장하는 것이다. 국가와 사회는 그렇게 될 수 있도록 가용 자원을 전부 동원해 취할 수 있는 수단을 강구하고 지원하며 배려하는 것이다. 물질적 자본에 비해 월등히 중요한 것이 인적 자원이다. 그런데 지역에 따라 발전이 차별적인 사회, 교육이 병들고 입시가 왜곡된 사회, 그리고 계층 이동이 제한된 사회에서 제대로 된 인적 자원을 함양하기는 불가능하다. 이런 사회 문제의 해결이 지속 가능한 경제 발전에 관건이다.

기후 위기 대응과 정부의 역할

사람들은 기후 위기 대응의 필요성을 수용하고 있으나 경제·분배에서 그 귀결에 대한 인지는 불충분하다. 대부분의 나라에서 기후 위기 대응을 위한 의무를 다할 준비가 아직 충분치 않은 것으로 보인다.

기후 위기 대응을 위한 정부의 역할은 명확하다. 바로 기업과 가계가 향후 일정 시점부터는 화석 에너지를 사용하지 않고 빠른 속도로 재생 에너지로 전환하도록 계획을 세우고, 이를 로드맵에 맞게 이행하도록 규제와 인센티브를 제공하는 것이다. 정부가 선언한 2050년 탄소 중립을 단계적으로 실행하기 위해서는 환경·에너지세에 에너지 사용에 따르는 사회적 비용을 점차 반영해야 한다. 현재 수송 부문에 편중한 환경·에너지세를 배출권 거래제를 적용하는 발전 및 산업 부문과 균형을 이루도록 개편할 필요성이 있다.

기후 위기 대응과 관련해 한국 경제의 중요한 한 가지 현안은 탄소 국경세로 인한 무역 장벽이다. 철강·시멘트 등 화석 연료를 대규모로 사용하는 분야에서만 그런 것은 아니다. 수출하는 모든 재화의 생산에서 사용하는 에너지를 재생 에너지로 바꿔나가지 못한다면 머지않아 우리는 큰 어려움에 봉착할 것이다. 불확실성이 큰 상황임에도 불구하고 가능한 통상 압박 경로, 대응의 가능성, 기업과 시민들에게 부과해야 할 새로운 의무를 숙고하고 대안을 마련해 실행해야 한다. 국가와 지방정부는 기업이 재생 에너지를 사용해 생산 활동을 할 수 있도록 재생 에너지 공급을 준비해야 한다. 에너지 전환 과정에서 지자체의 역할은 지대하다. 지자체마다 풍력·태양력을 비롯한 재생 에너지 발전의 여건이 다르므로 지방정부는 최적의 발전 계획을 주도적으로 세워 이행해야 한다. 중앙정부는 지자체가 재정 부족 때문에 에너지 전환에 실패하지 않도록 돕고 제도적 틀을 만들어줘야 한다.

에너지 분류 체계에서 원자력 발전을 재생 에너지에 가깝게 분류했다고 우리가 좋아할 일은 별로 없다. 국제에너지기구의 장기적 원가 개념을 이용한 분석에 따르면, 장기적 비교에서 가장 비용이 많이 드는 것이 원자력 발전이고 가장 비용이 적게 드는 것이 풍력·태양열

등 재생 에너지 발전이다. 장기적 원가는 발전 종류별 모든 비용을 포함하는 것으로, 발전소 설치·유지·보수 비용, 가스·오일·석탄·우라늄 등 에너지원 구매 비용, 공해 등 환경 비용이 들어가는데 이 중 환경 비용에 핵연료 폐기물 처리 및 리스크 비용도 있다. 재생 에너지의 경우 초기에 설비 투자 비용이 많이 들지만 그 후에는 유지·보수 비용 말고 에너지원 구매 및 환경 비용이 발생하지 않는다. 반면 화석연료 발전에서는 이런 비용이 발생한다.

원자력 발전의 경우 핵폐기물의 처리 및 보관이 매우 긴 기간에 걸쳐 이뤄진다. 환경 비용이 거의 영구적으로 발생하기 때문에 그 부담이 클 수밖에 없다. 원자력 발전소를 가동하는 동안 발생하는 비용에 국한해 문제를 판단한다면 후대에 막대한 환경 비용을 떠넘기는 것이다. 신기술로 만드는 소형 원자로에 대한 기대가 높은 것으로 보이지만 아직 그 안정성은 증명하지 못했다. 우리나라의 경우 원자력 발전의 또 다른 어려움은 발전소의 입지를 찾기가 매우 어렵다는 점이다. 또 기존에 원자력 발전소가 있는 지역은 이미 원자로의 집중도가 지나치게 높아 위험한 상황이다. 원자력 발전이 미래의 주요 에너지원으로 남을 것이라고 보기는 어렵다.

에너지 전환과 관련한 다른 현안은 에너지 가격 현실화다. 에너지 가격은 재생 에너지에 대한 에너지 생산자들의 투자와 에너지 소비자들의 소비 행위를 결정짓는 가장 중요한 요소다. 한국의 전기 요금은 국제적으로 비교할 때 낮은 수준으로 책정되어 있다. 국제에너지기구의 분석에 따르면 장기적 원가 관점에서 원자력 발전은 상당한 고비용 구조에 속한다.

한전은 적자가 누적해 막대한 부채를 지고 있다. 발전 및 송전에 소요되는 원가를 적절히 반영해 전기 요금을 결정해야 한다. 가스 요금도 같은 원칙을 적용해야 한다. 단 소득이 취약한 서민들의 생계비에 들어가는 에너지 요금은 재정에서 소득 보조를 통해 해결해줘야 한다. 에너지 비용 현실화 과정에서 이들이 감당해야 하는 부담을 줄여주면서도 에너지 사용 절감의 인센티브는 제공해야 한다.

기후 위기에 대응하는 산업 및 에너지 전환을 시민과 산업에 부과하는 부담으로만 인식할 것이 아니라 하나의 거대한 기회로 볼 필요가 있다. 정치권에서 적극적 투자를 통해 녹색 산업과 에너지 전환에서 앞서가는 나라를 만들겠다는 목표와 실행 계획을 제시해야 한다. 녹색 산업은 전기 자동차, 2차 전지, 재생 에너지 발전에 그치지 않는다. 에너지는 모든 산업에 필요하므로 경제 활동에 필요한 에너지를 화석 에너지에서 재생 에너지로 바꾸는 한 모든 산업이 간접적으로라도 녹색 산업과 관련된다. 물론 이런 변화를 가능하게 해주는 재생 에너지 발전 사업이 제일 중요하다. 동시에 에너지를 가장 많이 사용하는 자동차 등의 교통수단, 중화학 등 에너지 고소비 산업, 주택의 난방 시스템이 변화해야 실질적 기후 위기 대응이 가능하므로 관련 분야의 산업도 중요하다.

앞에서 이야기했듯이 재생 에너지 발전 시설을 확충하고 산업·가정의 에너지 사용 시설을 재생 에너지 사용에 적합한 체제로 전환하는 거대한 작업을 체계적으로 계획하고 실행하는 데는 지자체의 역할이 크다. 지역 사정에 정통한 지자체가 지역에 맞는 재생 에너지 발전 계획을 수립해야 한다. 그러나 이런 일이 가능하려면 우선 중앙정부가 제도적 틀과 재정적 가능성을 제공할 필요가 있다. 중앙정부는 지자체가 일정 시한 내에 재생 에너지 발전 계획을 세우고 정부와 국민에게 내용을 공개하도록 의무화해야 한다. 풍력 발전의 경우 중앙정부가 지자체로 하여금 적절한 입지를 제공하도록 법제화하고, 지자체가 지방 공기업을 통해 이런 사업을 수행하거나 협업하도록 제도적 틀을 제시해야 한다. 태양열 발전의 경우 지자체는 농업 용지에서 태양력 발전과 농업을 동시에 하는 방안을 추진하고, 중앙정부는 이때도 제도적 틀과 재정적 비전을 마련해줘야 한다. 즉 태양열 사업에 농민과 영농법인을 참여시켜 수익성을 개선하고, 이들에게 발전 사업 관련 기술을 지도 또는 자문하거나 협업할 사업체의 창업을 지원해야 한다.

발전 사업은 지역에서 하지만 에너지 소비는 도시에서 더 많으므로 송전 시설에 대한 대규모 투자도 필요할 것이다. 부지를 제공하고 사업을 실행하는 것은 지방이니 도시의 지자체와 거주자들은 발전과 송전에 필요한 투자금을 부담해야 한다. 이것이 바람직한 역할 분담이다. 수도권 거주자와 기업에 재생 에너지 투자 채권을 발행해 구매에 할당하는 방법도 생각해볼 수 있다.

지자체는 지역에서 풍력과 태양력 외에 다른 재생 에너지 발전이 가능한지 연구하고 대안을 제시해야 한다. 에너지 전환 관련 응용 연구의 수요가 거대하다. 정부는 이 분야에 대규모 연구 펀드를 조성하고 필요한 연구를 신속하게 수행하도록 관리해야 한다.

대전환기의 조세 · 재정 정책

계층 간 소득과 자산의 큰 격차, 기후 위기 극복을 위한 합의와 구체적 대안의 부재, 수출 주도 경제 모형에 고착하는 태도, 수도권 집중과 지역 발전의 불균형 문제, 입시 위주의 교육과 사교육의 병폐 등 여러 문제가 한국 경제의 효율성과 발전 가능성을 가로막고 있다. 경제 활동은 홀로 굴러가지 못한다. 사회 제도 및 관습과 관계 속에서 작동하는 것이다.

대전환이 필요하다. 정책 전환 수준을 넘어 경제 발전 체계 자체에 대해 그렇다. 전 세계 대부분의 국가에서 운영하는 시장 경제 체제는 서민 대중을 위해 작동하는 것으로 보이지 않는다. 부의 편중은 심각하고 기회의 균등은 구호에 그칠 뿐 요원하다. 산업 생산은 지속적으로 늘고 소비도 확대되었으나 그 과정에서 지구를 황폐화하고 있다. 세계는 진영화하고 인플레이션은 양극화를 심화시키고 정치는 문제 해결에 기여하지 못한다.

과거 수십 년간 사람들은 시장이 모든 문제를 해결한다고 믿었다. 가속화하는 기후 위기의 시대에 이제 아무도 그렇게 믿지 않는다. 특히 자본주의에 대한 젊은이들의 분노는 피부로 느낄 수 있을 만큼 커지고 있다. 이념적 태도로 치부할 일이 아니다. 월세는 폭발하고 자기 집을 원하는 것은 불가능하다. 왜 자원을 낭비하고 지구를 황폐화하는 경제 구조를 두고 봐야 하는가. 성장의 혜택이 모든 이에게 돌아가는 것도 아닌데.

경제 체제를 공정하면서도 생태적인 방향으로 전환해야 한다. 마추카토는 경제와 산업의 기후 친화적 재구조화를 주장한다. 그는 시장이 독자적으로 21세기의 기후·환경 문제에 대처하기 어렵다고 보았다. 모든 것이 불안정한 시기에 기업이 투자 결정을 미루는 것은 당연하다. 그러나 지구 온난화는 가속화하고 양극화도 심각성을 더해간다. 시간은 대전환을 위해 기다려주지 않는다. 국가에는 경제 구조를 개선할 혁신이라는 과제가 있다. 사회적으로 바람직한 정책 목표를 정하고, 가용 자원을 집중하고, 전환 과정을 설계하고, 일정표를 마련해 기업 및 민간 영역에 가이드라인을 제시해야 한다.

정부는 과업 지향 재정 정책(mission-oriented fiscal policy)을 국정 운영의 중심축으로 삼아야 한다. 대전환에는 국가가 나서서 큰 재원을 투입해야 하니, 재정 정책이 그렇게 할 수 있는 동력을 만들어주는 역할을 해야 한다.

한국을 방문한 IMF 협의단은 2023년 연례 협의 결과를 통해 우리나라에 재정·통화 정책에서 긴축 기조를 유지할 것을 권고했다. 그러나 이 권고는 단기적 거시 경제 관리의 측면에서 한 것이다. 우리 경제는 전면적 구조 개혁과 대전환을 필요로 한다. 이는 단기적 거시 경제 관리보다 훨씬 중요하다. 이런 구조 개혁을 위해서는 정부의 리더십이 요구된다. 단기적 거시 경제 관리를 위한 정책 내용과 장기적 구조 개혁을 위한 정책 내용이 충돌하는 일은 흔하다.

위기는 사회에 경제 체제의 전환을 가능케 하는 좋은 기회이기도 하다. 단기적 위기관리에 그치면 곤란하다. 위기를 기회로 활용할 마스터플랜이 필요하다. 대전환과 이에 따르는 재정 지출을 새로운 세대 간 협약으로 생각해야 한다. 판단 기준은 공정성과 지속 가능성이다.

위기를 건전 재정으로 극복하려는 시도는 유럽 재정 위기를 거치면서 실패로 끝났다. 지난 40년간 국가와 경제는 분리된 부문이고 국가는 경제에 가능하면 개입하지 말아야 한다는 생각이 지배적이었으나, 코로나 팬데믹 이후 국가의 개입 없이 경제가 굴러갈 수 있다는 생각은 착각으로 드러났다. 마추카토는 국가는 고장 난 시스템을 수리하는 기업이 아니라고 했다. 국가의 역할이 시장의 실패만 수습하는 보조에 그쳐서는 안 된다는 것이다. 국가는 공공의 이익을 위해 지향점을 제시하고, 민간이 이에 맞는 행위를 택하도록 유인책을 설계하고, 이런 체계가 굴러가도록 만들어야 한다.

전환 과정에서 국가가 해야 하고 국가만 할 수 있는 혁신적 역할이 있고, 이는 대규모 재정 지출을 수반한다. 국가가 먼저 에너지 전환을 위한 틀을 결정하고 인프라에 투자해야 한다. 민간이 감당할 수 없는 전환기 비용을 지원해야 한다. 에너지 전환은 향후 수십 년간 전 세계에서 일어날 것이다. 공공 교통수단 및 체계·선박·항공·난방 시스템·건축 등 다양한 산업 분야에 광범위한 영향을 미칠 것이다. 전 세계의 국가들이 미래에 택할 에너지 전환 관련 기술에 자원을 집중적으로 투자해 선도하는 것이 중요하다.

피할 수 없는 사회적 투자의 내용과 규모를 확인한 후, 단기적이 아닌 장기적 재정 건전성을 고려해 세금과 국가 부채 사이에서 균형 있게 결정하는 것이 합리적이다. 단기적 재정 건전성은 재정 수지·정부 부채의 비율과 수치만을 중시한다. 그러나 장기적 재정 건전성은 경제 상황을 종합적으로 고려해 결정한다. 경제와 사회의 발전에 필요한 경우 정부 부채 증가를 수용할 수도 있는 것이다. 정부 부채를 통한 지출 확대는 분야 및 시기를 잘 선택하는 경우 단기적 경제 활성화뿐만 아니라 장기적 성장률 회복도 가능하게 해준다. 정부의 재정 지출 증가로 늘어난 부채는 성장률 회복을 통해 재원 문제를 상당 부분 스스로 해결한다(Delong & Summers, 2012).

공공 부문에 대한 대규모 투자가 재정 지출 확대로 이어진다고 해서 반드시 공공 부문 확대를 의미하는 것은 아니다. 국민의 삶의 질 향상과 민간 경제의 발전 및 성장을 위해서도 유능하고 능동적인 국가는 필요하다. 정부가 효율적이고 슬림하면 좋다. 재해 보상금 등 시민의 부담을 줄여주는 국가 지출을 해야 할 때, 이를 수행하는 기구가 거대할 필요는 없고 간편한 효과적 시스템이면 충분하다. 정부는 이런 지출을 국세청이나 건강보험공단 등 데이터 시스템을 갖춘 기구의 도움을 받아 효율적으로 실행해야 한다. 정부 조직이 큰 것과 시민에게 지급하는 예산이 큰 것은 구별해야 한다.

환경을 고려해 성장을 포기해야 하는 것도 아니다. 성장을 추상적 전체로 보는 것은 의미가 없다. 경제의 대전환 시기에 재생 에너지 분야는 엄청난 성장이 필요하다. 전통적 에너지 분야는 물론 축소해야 한다. 국가 간의 생산력 확대 및 제조 원가 절감 경쟁은 새로운 환경 친화적 산업 분야의 기술을 선점하려는 경쟁으로 대체해야 한다. 석유나 가스 산업보다 재생 에너지 발전 산업을 선택하고, 기존 자동차 및 제철 산업을 전기 자동차 사업·자동차 공유(카 셰어링) 서비스업·재생 자원 사업·디지털 스타트업으로 대체하는 것이다. 성장과 지속 가능성은 충돌하는 개념이 아니다.

대전환기의 재정 정책

국가 경제에서 재정은 중요한 기능을 한다. 우선 재정은 그 규모의 조정을 통해 국민 경제에 영향을 준다. 재정 지출이 늘어나고 여러 분야로 확대되면, 국가의 활동이 국민의 어려움을 살펴주는 역할을 더 많이 할 수 있다. 재정의 포용성이 증가하는 것이다. 거시 경제적으로는 기업 또는 가계의 투자나 소비가 정부 투자나 소비를 늘려 국민 경제의 균형을 찾아줄 수 있다. 국민 경제의 관점에서는 정부·기업·개인이 개별 경제 주체로서가 아니라 전체로서 적절한 수준으로 소비·저축·투자하는지, 그것이 지속 가능한 성장에 부합하는지가 중요하다. 가계가 저축을 많이 하고 소비는 하지 않으면 정부가 가계에서 빌려 소비함으로써 경제 전체의 수요를 늘려줘야 한다. 그리고 경제 위기로 인한 실업 및 매출 감소로 소득이 부족한 가계가 많아지면 가계 부채가 늘어나는데, 정부가 재정을 통해 소득을 보전하거나 일자리를 만들어 가계를 도우면 가계 부채 대신 정부 부채가 늘어난다. 재정 적자나 국가 부채 비율보다 중요한 것은 국민 경제가 지속 가능한 성장세를 이어가는 것이다. 재정 규모를 늘리는 것이 그 자체로 바람직하거나 목적이 될 수는 없지만, 지속 가능한 성장과 거시 경제의 균형을 찾는 과정에서 일어날 수 있는 일이다.

통상 경기 대응 정책에서는 거시 경제의 균형을 고용 상황에 비춰 판단한다. 실업이 늘고 일자리가 부족하면 경제 전체의 수요가 부족한 것으로 보고, 통화 정책이나 재정 정책을 통해 수요를 늘려주려 노력한다. 경기 대응 정책이 단기적 시계에서 운영하는 정책이라면, 장기적 시계에서는 성장과 경제 혁신이 중요하다. 기업이 생산성 향상과 품질 혁신을 통해 경쟁력을 지속적으로 지키지 못하면 장기적 고용 유지가 어려울 수도 있기 때문이다. 혁신에서 국가의 역할에 대한 시각도 크게 변했다. 과거 주류 경제학에서는 혁신을 민간 기업의 영역에서 이뤄지는 것으로, 단기적 경기 변동에 대한 대응을 국가의 주된 역할로 보았다. 반면 최근에는 국가의 역할이 민간의 혁신을 유인할 수 있고, 이것이 장기적 성장에 매우 중요하다는 시각이 지배적이다. 마추카토 같은 경제학자는 국가가 혁신과 공공 가치 창출을 주도해야 한다고 본다.

국가가 혁신을 일으키기 위해 재정을 사용하는 것과 기업이나 산업을 위해 사용하는 것을 딱 잘라 구분하기는 물론 어렵다. 그러나 두 가지는 다른 것이다. 혁신은 긍정적 외부 효과를 유발할 수 있는 투자 대상을 선정해 국민의 세금을 사용하는 것이다. 조세 및 재정의 인센티브 체계가 작용함으로써 그렇지 않았다면 기업이 하지 않았을 투자를 하게 만들어, 국내 기업의 국제 경쟁력을 향상하고 고용을 증가시키는 것이다. 반면 기업이 어차피 이익이기 때문에 하는 투자에 세금 혜택을 주는 것은, 국가의 세수 감소에 비해 긍정적 효과를 일으키지 않으니 세금 낭비에 지나지 않는다.

재정 지출이 포용성의 관점에서 유효하려면 복지·노동·교육 등의 분야에 사용하는 비중이 커야 한다. 그렇지만 혁신 성장을 위해서는 재정 규모를 키울 필요가 없다. 재정의 큰 부분은 포용적 경제를 위해 국민 복지에 사용하고 기업과 경제를 위해서는 상대적으로 작은 부분을 사용하더라도, 이 작은 부분이 혁신적 행위를 유발하는 것이 중요하다.

우리 사회 일각에는 커지는 재정 규모를 우려하는 시각이 존재한다. 재정 준칙을 통해 그 규모를 일정 한도 내에 묶어두려 한다. 그러나 우리에게 중요한 것은 재정 본연의 역할을 적극적으로 수행하는 것이다. 재정 준칙으로 우리가 선택할 수 있는 정책의 영역을 미리 좁힌다면 자기 발에 스스로 족쇄를 채우는 것이다. 재정 준칙의 규범성을 뒷받침하는 근거라고 할 수 있는, 적정한 국가 부채 비율 수준은 이론적으로나 경험적으로나 존재하지 않는다는 것이 이미 밝혀졌다. 나라 살림이 건전 재정의 틀에 갇히면 불평등이 심화하는 것은 물론 지속적 성장에도 불리하다. 경제 구조 변화에 필요한 사회적 투자를 재정이 맡아줘야 하고, 지속 가능한 발전을 위해 사회 안전망도 충실히 쌓아가야 한다.

대전환기의 조세 정책

경제의 전환 과정은 대규모 재정 지출을 수반하기 때문에 재원을 마련해야 한다. 큰 사회적 투자가 필요하므로 국가 부채와 세금을 어떤 규모와 비율로 할지는 국가적으로 중요한 결정이 된다. 세수 규모만 중요한 것이 아니다. 세제 개혁에 기후 중립과 불평등 해소에 유효한 구체적 내용을 담아야 한다. 세금을 어느 분야에서 확보할지에 대한 결정도 경제적 파급 효과가 크다. 또한 재원 조달 과정에서 부 및 소득의 격차 해소는 사회 발전의 관건이다. 특히 소득세·법인세·종부세·상속 증여세의 역할이 중요하다. 미래 경제 정책의 핵심은 조세 정책에 있다.

우리는 시민들에게 제공하는 복지 혜택을 현재의 낮은 수준에서 OECD 국가들의 중간 수준으로 높이려는 단계에 있으니, 조세 부담률의 점진적 증가는 피할 수 없다. 조세 부담률의 증가는 여러 세목으로 구성한 조세 체계가 크게 변화하는 것으로 개별 세목의 세율 인상, 과세 표준 구간의 변동, 세목 간 세수 비중의 변화를 포함한다. 이 과정에서 세수 증가뿐만 아니라 세 부담의 공정성도 제고해야 한다.

심각한 수준인 자산 및 소득의 계층 편중 현상을 완화하려면 조세 정책을 더 잘 활용할 필요가 있다. 조세는 기본적으로 재원 조달이라는 재정적 기능을 위해 존재하지만, 그 외에 환경 및 부동산 정책에서도 필요한 정책적 기능을 할 수 있는 수단이다. 조세의 재정적 기능을 활용하는 과정에서 세 부담을 납세자의 경제력에 상응하도록 공정하게 배분함으로써 소득 및 자산의 형평성을 바로잡아가야 한다. 부동산·주식 등의 자산 가격이 대폭 상승함에 따라 자산 소득도 크게 늘어났지만, 조세 제도는 이를 미처 반영하지 못하고 있는 실정이다.

향후 조세 정책의 역할이 경제 정책에서 핵심으로 부상할 것으로 보인다. 금융 위기 이후 전 세계적으로 15년 정도 지속한 저금리는 이제 가능하지 않고, 현재의 금리 기조를 오래 계속할 것으로 보인다. 이런 금리 기조하에서 코로나 이후 주요국에서 불어난 정부 부채는 이자 비용으로 인해 정부 재정에 상당한 압박으로 작용할 것이다. 사회 안전망 확보, 기후 위기 극복, 에너지 전환을 위해 정부 지출이 필요한데, 정부 부채를 통한 조달은 지속 가능하지 않을 것으로 예상한다. 그렇다면 선택지는 명확하다. 정부 지출을 축소하고 시대적 과제를 팽개치는 것은 미래를 포기하는 일이다. 재정 지출 확대의 중요한 부분을 조세 정책이 감당해야 한다.

조세를 통한 재원 조달은 인플레이션과 부채 비용에서 자유롭다. 소득 및 자산 상위 계층에 대한 증세에는 여지가 남아 있다. 증세의 역효과는 과장된 것이다. 우리 사회의 양극화가 심화했다는 것은 이제 누구나 인정하고 있다. 생각해보면 양극화가 심하다는 말과 소득 및 자산 상위 계층에 대한 과세의 여지가 있다는 말은 결국 동일한 의미다.

조세 정책은 재원을 확보해 복지 정책을 실행할 수 있도록 해주는 동시에 국가가 지원한 사회 인프라의 도움으로 큰 경제적 성과를 거둔 이들에게는 과세하기 때문에, 재분배를 통한 양극화 치유에 상당히 유효한 정책 수단이다. 누진적 소득세, 자산 소득의 종합 과세, 상속세, 부양가족이 많은 가구를 위한 소득세 공제 체계 개편 등은 사회적 갈등을 줄이고, 더 공정하고 지속 가능한 사회를 만드는 역할을 할 수 있다. 그러나 조세라는 정책 수단이 한국 사회에서 제 역할을 하려면 정치가들의 용기와 시민들의 강한 요구가 필요하다.

주

01 다층적 위기의 한국 사회

1. 저출산과 고령화를 중요한 위기로 꼽는 사람이 많으나 인공지능(Artificial Intelligence, AI)과 로봇화 시대에 고령 인구의 노동 시장 참여율 및 여성 경제 활동 인구 비율 제고, 육아가 가능한 근로 환경 조성 등의 제도적 개혁을 통해 우리가 상대적으로 잘 감당해낼 수 있는 도전이다.

2. 통계청 보도 자료(2024. 3. 14.). 가계 지출에서 학원비의 비중이 소득 1분위의 경우 주거비와 식비를 합한 것의 57.6퍼센트, 소득 5분위의 경우 97.3퍼센트로 나타났다. 소득이 올라갈수록 주거비와 식비보다 학원비 지출이 더 가파르게 증가한다는 것이다.

3. 정종우, 이동원, 김혜진(2024. 8. 27.). 서울 출신 학생은 전체 일반고 졸업생 중 16퍼센트에 불과했지만 서울대 진학생 중에서는 32퍼센트를 차지했고, 강남구 출신 학생은 전체 일반고 졸업생 중 4퍼센트에 그쳤지만 서울대 진학생 중에서는 12퍼센트에 달했다.

4. 협조적 R&D 투자란 특정한 기술이나 산업 분야에서 우리의 연구 기관이나 기업이 중국·일본 같은 외국의 연구 기관이나 기업과 경쟁하는 것이 아니라, 우리가 비교 우위에 있는 분야에 집중해 개발한 내용을 상대에게 제공하고 대신 그들이 우위인 분야의 연구 결과를 제공받는 것이다. 협조적 R&D 투자가 가능하려면 당사자들 각각이 상대국보다 비교 우위를 일정하게 유지하는 분야가 존재해야 한다. 반면 경쟁적 R&D 투자는 국가 간 협조 없이 경쟁적으로 이뤄지는 일반적 R&D 활동을 말한

다. 발전 단계에는 규모의 경제에서 약세인 나라가 상대적 우위인 분야가 있더라도, 경쟁적 R&D 투자만 이루어지는 경우 상당한 시간이 흐른 뒤에는 규모의 경제에서 우세한 나라가 거의 모든 분야에서 기술적 우위를 점하게 된다.

5. 단일 시장 단계는 협조적 R&D 투자의 단계에서 더 나아간 것이다. 단일 시장은 회원국들이 R&D 외의 분야에서도 협조 및 공생 관계를 맺는 것이다. 장벽 없는 투자, 교역의 불가역화, 통화 정책 공조, 각급 학교의 학위나 각종 면허를 서로 인정하면서 인적 자원의 이동을 자유롭게 하는 것도 단일 시장에 속한 나라들이 합의해 실행하며 상호 혜택을 볼 수 있는 범주에 들어간다. 단일 시장은 역사와 정치적 진영의 문제로 다툴 일은 다투더라도 그로 인해 경제 교류 및 협력이 방해받거나 멈추지 않도록 만들기도 한다.

02 재정의 기능과 세금의 역할

1. Rawls(1971).

2. Sandel(2009).

3. Piketty(2014).

4. 대니얼 카너먼(2012).

5. 정부가 소득 역진적 세금을 거두고 고소득·고자산 계층에 더 많은 혜택을 제공하는 지출을 하는 것은 이론적으로는 가능하지만 현실적으로 어렵다.

6. CEO들이 자기 주식을 사들이는 단기주의적 경영 행태는 주가를 올려 주주들에게 환영받을 뿐만 아니라, 스톡옵션의 가치를 높이기 때문에 자신들의 경제적 이익에도 부합한다.

7. 물론 단기주의를 향한 이런 변화가 불가피하거나 보편적인 것은 아니다. 이는 기업 지배 구조와 금융의 성격에 따른 결과물로, 일본·독일의 경우 전통적으로 미국과 상이한 요소가 많았고 다르게 발전했다.

8. 우리로 치면 산업은행에 해당하는 기관들이다. 산업은행의 주된 업무가 부채 과다 기업의 구조 조정이라면, 미래를 위해 공공 금융의 중요한 역할을 하지 못하고 과거의 일을 처리하는 데 묶여 있는 것이다.

03 재정 정책의 효과

1. GDP 증가의 재정 수지 개선 효과가 나타나는 이유는 GDP가 늘어나면 세수가 증가하는 동시에 복지 등 정부의 이전 지출 부담이 감소하기 때문이다.
2. 이는 미래의 잠재적 생산에 대한 이력 효과를 1퍼센트로 추정한다는 의미다.

04 재정의 지속 가능성

1. 사회보장위원회 사무국 재정·통계전문위원회(2016. 12. 27.)에 따르면, 건강 보험 재정은 2018년 GDP 대비 3.8퍼센트에서 2060년 11퍼센트로 크게 상승할 것으로 전망한다.

05 재정 운영의 거버넌스

1. 파이낸셜뉴스 보도(2023. 10. 17.)에 따르면 2022년 법인세 신고 법인 98만 2456개 중 29만 9581개(30퍼센트)가 서울에 있었다. 전체 법인세액 87조 7949억 원 중 서울의 법인세액이 45조 342억 원(51퍼센트)에 달했다. 또한 과세 표준이 200억을 초과하는 기업 2052개 중 982개(48퍼센트)가 서울에, 437개(21퍼센트)가 경기도에 소재했다. 이는 법인세를 200억 원 이상 납부한 기업의 69퍼센트가 수도권에 있었음을 의미한다. 2021년부터 2022년까지 2년간 통합 투자 세액 공제 총 1조 9337억 원 중 1조 5480억 원(80퍼센트), 2022년 연구 인력 개발비 세액 공제 총 3조 6173억 원 중 3조 377억 원(84퍼센트)을 수도권 기업이 받았다.

07 소득세

1. $u = u(y - T)$
2. $u(y) - u(y - T) = $ constant for all.
3. 단조 효용 함수에서 전 구간에 걸쳐 한계 효용이 감소한다.
4. $\{u(y) - u(y - T)\} / u(y) = $ constant for all.
5. $u'(y - T) = $ constant for all.

6. 자영업자는 다양한 유형의 사업자를 포함한다. 사업자들의 세원 투명성은 최근 매우 높아진 것으로 평가한다. 그러나 사업 소득세 탈루율을 무시할 수 있는 수준으로 보기는 어렵다.

09 부가가치세와 소비세

1. Gottfried & Wiegard(1991).

11 상속 증여세

1. 많은 경제학자〔존 메이너드 케인스(John Maynard Keynes), 칼 폴라니(Karl Polanyi), 스티글리츠, 피케티〕와 사회철학자(롤스, 샌델)들이 이런 입장에 섰다.

13 문재인 정부의 조세·재정 정책

1. 임대 주택 소유자의 사업자 등록은 임대 소득에 대한 실효적 과세에 필수인가? 임대 소득에 대한 과세는 사업자 등록 없이도 국세청이 종부세를 도입할 때 잘 구축한 자료로 충분히 가능하다. 그렇다면 (월세 상한제 도입 등과 관련해) 임차인 보호를 위해서는 사업자 등록이 필요한가? 월세 상한제를 도입할 경우 임차인이 계약서를 보관하고 전입 확정 일자를 받아둠으로써 자신을 보호할 수 있으며, 사업자 등록 여부와는 별 관계가 없다. 사업자 등록을 강조하다 보면 임대 주택 소유자들은 그 대가로 양도 소득세나 임대 소득 과세 유보를 요구하게 되며, 이런 특혜의 결과로 임대 사업자 제도가 다주택자 갭투기의 통로가 된다.

14 사회 보험 재정

1. 사회보장위원회 사무국 재정·통계전문위원회(2016. 12. 27.)는 건강 보험 재정이 2018년 GDP 대비 3.8퍼센트에서 2060년 11퍼센트로 크게 상승할 것으로 전망한다.

참고문헌

국세청(2020). 〈국세통계연보〉.

＿＿＿(2021). 〈국세통계연보〉.

＿＿＿(2022). 〈국세통계연보〉.

김우철(2005). 〈법인세 부담이 기업의 투자활동에 미치는 변화분석〉. 한국조세재정연구원.

김유찬(2004). 〈세무조사제도의 문제점과 개편방향〉. 한국경제연구원.

＿＿＿(2016). 〈유효부가가치세율의 계산과 이를 통한 VAT Gap의 추정에 대한 연구─한국과 주요 EU 국가 3국의 비교〉. 《세무와 회계저널》, 17(4), 189-232.

김진수, 박형수, 안종석(2003). 〈주요국의 법인세제 변화추이와 우리나라 법인세제 개편방안〉. 한국조세재정연구원.

박윤진, 이기돈(2021). 〈국가별 총부채 및 부문별 부채의 변화추이와 비교〉. 《재정포럼》, 297, 28-41.

송헌재, 박명호, 김재진(2012). 〈납세의식 제고를 위한 조세정책 방향〉. 한국조세연구원.

윤영훈(2022). 〈주요국의 법인세 명목 세율 및 실효 세율 비교·분석〉. 한국조세재정연구원.

정은희, 신재동, 우선희, 하은솔, 김지원(2022). 〈한국복지패널 조사·분석 보고서〉. 한국보건사회연구원.

정창률, 권혁창, 남재욱(2014). 〈한국 건강보험 보험료 부담의 형평성에 관한 연구〉.

《사회보장연구》, 30(2), 317-344.

대니얼 카너먼(2012). 《생각에 관한 생각》. 김영사.

마이클 제이콥스, 마리아나 마추카토 엮음(2017). 《자본주의를 다시 생각한다: 사람과 자연을 위한 11가지 경제정책》. 정태인 옮김, 칼폴라니사회경제연구소.

소득주도성장특별위원회(2022). 《소득주도성장, 끝나지 않은 여정》. 메디치미디어.

강병구(2023. 8. 31.). "세법개정안 평가 및 바람직한 세제개편 방안". 〈윤석열 정부 세법개정안의 문제점과 대안〉(윤석열 정부 세법개정안 정책토론회 자료집).

김유찬, 오종현(2019. 7. 8.). "장기적 시계의 재정 정책과 경제 성장". 〈생산적 재정확장의 모색〉(국민경제자문회의 제2기 출범기념 정책토론회 발표자료집).

〈나라재정〉 2022년 7월 호. 한국재정정보원. https://www.fis.kr/ko/notification/data/monthly_country_finance?articleSeq=2480.

사회보장위원회 사무국 재정·통계전문위원회(2016. 12. 27.). "2015 사회보장 재정추계 전망 결과".

이태리, 박진백(2023. 1. 30.). "주택시장과 통화(금융)정책의 영향 관계 분석과 시사점". 〈국토정책브리프〉 902호, 국토연구원.

장혜영 의원실 보도 자료(2023. 5. 22.).

정종우, 이동원, 김혜진(2024. 8. 27.). "입시경쟁 과열로 인한 사회문제와 대응방안". 〈BOK 이슈노트〉 제2024-26호, https://www.bok.or.kr/portal/bbs/P0002353/view.do?nttId=10086626&menuNo=200433.

통계청 보도 자료(2024. 3. 14.). "2023년 초중고사교육비조사 결과". https://www.kostat.go.kr/board.es?mid=a10301010000&bid=245&act=view&list_no=429923.

파이낸셜뉴스(2023. 10. 17.). "작년 세액공제 80%가 수도권… 기업 투자·연구 쏠림 심화". https://www.fnnews.com/news/202310171813229017.

Bayer, C., Born, B., Luetticke, R., & Müller, G. J. (2020). *The Coronavirus stimulus package: how large is the transfer multiplier?* CEPR.

Chancel, L., Piketty, T., Saez, E., Zucman, G. et al. (2022). World Inequality Report

2022. World Inequality Lab.

Cummins, J. G., Hassett, K. A., & Hubbard, R. G. (1996). Tax reforms and investment: A cross-country comparison. *Journal of Public Economics,* 62(1-2), 237-273.

DeLong, J. B., & Summers, L. H. (2012). Fiscal Policy in a Depressed Economy. *Brookings Papers on Economic Activity,* 43(1) (Spring), 233-297.

Fatás, A., & Summers, L. H. (2016). The Permanent Effects of Fiscal Consolidations. NBER working paper 22374.

Fatás, A., & Summers, L. H. (2018). The Permanent Effects of Fiscal Consolidations. *Journal of International Economics,* 112, May 2018, 238-250.

Gechert. S., & Heimberger, P. (2002). Do corporate tax cuts boost economic growth? *European Economic Review,* August 2022, 147.

Gottfried, P., & Wiegard, W. (1991). Exemption versus Zero Rating: A Hidden Problem of VAT. *Journal of Public Economics,* 46, 307-328.

Institute for Fiscal Studies (2011). *Tax By Design: The Mirrlees Review.* Oxford University Press.

Jorgenson, D. (1963). Capital Theory and Investment Behavior. *American Economic Review,* 53(2), 247-259.

OECD (2020a). *Taxing Wages 2020.* OECD Publishing, Paris, https://doi.org/10. 1787/047072cd-en.

OECD (2020b). *Inheritance taxation in OECD countries.* Draft Report.

Piketty, T. (2014). *Das Kapital im 21. Jahrhundert.* C. H. Beck.

Rawls, J. (1971). *A Theory of Justice.* Harvard University Press.

Sandel, M. (2009). *Justice: What's the right thing to do?* Farrar, Straus and Giroux.

Whalen, C., & Reichling., F. (2015). The Fiscal Multiplier and Economic Policy Analysis in the United States. *Contemporary Economic Policy,* 33(4), 587-751.